趣修经济学丛书

丛书主编：刘金山　李　艳

ECONOMICS

趣修经济史

刘金山　著

暨南大学出版社
JINAN UNIVERSITY PRESS

图书在版编目（CIP）数据

趣修经济史/刘金山著．—广州：暨南大学出版社，2022.2
（趣修经济学丛书）
ISBN 978 - 7 - 5668 - 3373 - 0

Ⅰ．①趣…　Ⅱ．①刘…　Ⅲ．①经济史—世界　Ⅳ．①F119

中国版本图书馆 CIP 数据核字（2022）第 007077 号

趣修经济史

QUXIU JINGJISHI

著　者：刘金山

出 版 人：张晋升
丛书策划：曾鑫华
责任编辑：曾鑫华　高　婷
责任校对：张学颖　冯月盈
责任印制：周一丹　郑玉婷

出版发行：暨南大学出版社（510630）
电　　话：总编室（8620）85221601
　　　　　营销部（8620）85225284　85228291　85228292　85226712
传　　真：（8620）85221583（办公室）　85223774（营销部）
网　　址：http：//www.jnupress.com
排　　版：广州市天河星辰文化发展部照排中心
印　　刷：广州市穗彩印务有限公司
开　　本：787mm×1092mm　1/16
印　　张：12.5
字　　数：180 千
版　　次：2022 年 2 月第 1 版
印　　次：2022 年 2 月第 1 次
定　　价：39.80 元

总　序

教材是教学生产函数的关键要素

人生在世，我们都希望比父辈生活得更好。这是人类发自本能的经济增长信仰。然而，这一信仰碰到的最大障碍之一就是边际报酬递减规律。突破边际报酬递减规律，追寻边际报酬递增，便成了实现美好生活的路径选择。

人力资本投资，是追寻报酬递增的关键环节。内生经济增长理论的无数篇文献就是为了告诉人们这个结论。的确，人生在世，重要的还是学习。从小学到本科毕业抑或硕士、博士毕业，我们花 20 年左右的宝贵时间用于学习，就是为了探寻美好生活背后的报酬递增。

学生来到学校，老师走进教室，教学生产函数就开始运行了，人力资本投资的过程就开始了。学生、老师都是教学生产函数的投入要素，这两个要素是不可替代的，否则，每个学生都可以自学成才了。即使在慕课时代，老师也没有被替代，只是转到线上而已。因此，教学生产函数就是列昂惕夫生产函数。

这个生产函数还有一个关键的投入要素——教材。人们常说，有一个好老师、一本好教材，就可以很好地学习一门课。回想求学生涯，教材的的确确是学习伴侣。学而时习之，"习"的过程，多数是与教材为伴的过程。

作为教学生产函数的投入要素，教材和老师是互补品，相得益彰。讲授，听课，课堂之内，与学生为伴的是老师和教材；预习，复习，课堂之外，与学生为伴的是教材。教材，把教学生产函数的运行时间拉长了，成了老师和学生之间的桥梁，成了人力资本投资和报酬递增的桥梁，具有了跨越时空的价值追寻意义。

因此，教材建设很重要。选好教材，用好教材，编好教材，是每一所院校的必然追寻。好老师，好教材，好学生，就成了好课程的"三好"标准。

由此看来，摆在读者面前的"趣修经济学丛书"就有了价值追寻的意义。该丛书由暨南大学出版社策划出版，由暨南大学刘金山老师和广东金融学院李艳老师联合主编。两位主编拟邀请兄弟院校同行携手前行，拟组织出版《趣修微观经济学》《趣修宏观经济学》《趣修区域经济学》《趣修产业经济学》《趣修国际贸易学》《趣修经济史》《趣修经济思想史》《趣修财政学》《趣修金融学》等。

该丛书的核心在于"趣"。在这个永远在线、万物互联的时代，老师在教室里的最大竞争对手是手机。引导学生兴趣盎然地修读课程，需要有趣的老师，需要有趣的教材。寓教于乐，就应该是这样的吧。该丛书秉承张扬经济学理性的理念，力图深入浅出，用通俗易懂的语言和案例，讲述经济学原理和具体课程的知识点，把老师的"趣"、教材的"趣"、学生的"趣"紧密结合，成为教学生产函数运行的坚实微观基础，成为人类社会报酬递增的逻辑起点。

让我们期待该丛书的顺利出版并彰显其边际贡献的意义。

是为总序。

2021.10.25

目　录

导　言

我思故我在

欢迎来到"经济史"课堂！全世界超过 75 亿人，全中国超过 14 亿人①，芸芸众生中，我们今天相聚，在特定的时间、特定的地点，这是一个天大的奇迹，更是一个天大的缘分。在此，我们要感谢一个叫"大学"的组织平台。大学，是一个神奇的地方。正是这个神奇的地方，使我们相聚在这里。

一、走进教学生产函数

说实话，我等你们很久了。你们不来，生产函数是空的，即 f（·）；或者说，生产函数是不完整的，即 f（教学设施，教师，—）。你们来了，生产函数就完整了，即 f（教学设施，教师，学生）。

你们不来，生产函数就无法运行。抽象掉教学设施，教师和学生完全不能相互替代；否则，你们每一个人就是自学天才了，我们老师就要失业了。记住，即使在慕课（MOOC）时代，也是需要有老师的。想想那个列昂惕夫生产函数②吧，要素之间不能相互替代。

你们来了，生产函数就开始运行了。我们老师就不用失业了，就有事干了。你来，故我在。那么，你们为什么会来呢？

---

① 我国以 2020 年 11 月 1 日零时为标准时点开展了第七次全国人口普查，全国总人口是 14.117 8 亿人。

② 列昂惕夫生产函数，又称固定投入比例生产函数，是指在每一个产量水平上任何一对要素投入量之间的比例都是固定的生产函数。该生产函数的核心是要素之间不能相互替代。

要知道，人的一生中，时间是最宝贵的，也是最稀缺的。为什么要花几年宝贵的时间，来到这里？

要知道，你们来到这里，是有机会成本①的。这几年，你们出去工作，挣些钱，积累些工作经验，生活过得不错，也许比现在更好些。

要知道，你们还是争先恐后地要来，是通过高考的竞争才来到这儿的，不辞辛劳，不远万里。你们来这儿的过程，千辛万苦，充满着心酸和苦楚，有过煎熬，想过要放弃，也可能有痛不欲生的感觉，当时你们的效用可能是负的。

要知道，你们来这儿的过程，不是你一个人在战斗，而是一群人在战斗。你的父母，你的家庭，你的朋友，可能都为之贡献过——搜寻学校，搜寻专业，搜寻往年考试信息，等等。时间、精力、金钱，投入可能是海量的。

来，还是不来，这是一个问题。人生就是选择，这就是生活！人生，无时无刻不在选择。任何选择，都可以是一个经济决策，无论是直接的，还是潜意识的。最终，你们来了！用心投了票，用脚投了票。

你们来这儿，把稀缺的、宝贵的时间资源配置到这里，一定有着种种的理由——交交朋友，谈谈恋爱，换个新的地方，上个新的平台，未来找个好工作；或者说，不想工作，再赖在校园里几年；或者说，换个活法，实现儿时的梦想；或者，说不出是什么理由。

抽象掉一切形式，你们来这儿的根本理由、终极理由，到底是什么？你们思考过这一问题吗？即使你没有思考过，你的父母或家庭一定思考过。

你们来这儿，就是人力资本②投资。为什么要进行人力资本投资呢？人力资本投资，就是低估现在，看重未来。否则，有钱现在花，快快乐

---

① 机会成本（Opportunity Cost），是指为从事某项经营活动而放弃另一项经营活动的机会，或利用一定资源获得某种收入时所放弃的另一种收入。另一项经营活动应取得的收益或另一种收入，即为正在从事的经营活动的机会成本。

② 人力资本（Human Capital），是体现在劳动者身上的资本，如知识技能、文化技术水平与健康状况等。它与人身自由联系在一起，不随产品交易而转移。它通过人力投资形成，比如通过教育可以提高劳动力质量、工作能力和技术水平，从而提高劳动生产率。

乐，哪管未来"洪水滔天"，这也是一种生活态度，无所谓对错。你们来这儿，就是看重未来。人力资本投资的过程，就是看重未来的过程。实际上，任何投资都是看重未来的。你们来到这儿，是在拿青春赌明天。未来充满着不确定性，任何投资，都有风险。

你们到底为什么要来这儿？回答这一问题，我们要不忘初心，还要回到生产过程，回到生产函数本身。任何生产函数，都要有产出。别忘了，生产函数 f（教学设施，教师，学生）的产出是什么？有人说，是分数；有人说，是两张纸（毕业证和学位证），是文凭；有人说，是能力；有人说，是经历；有人说，是圈子，是平台，是关系。不同的人，有不同的产出目标，有不同的目标函数。

二、为稀缺性而来

产出到底是什么？我理解为，产出的目标是你的稀缺性，是为了增强你的稀缺性。如果不是在一个"拼爹"的社会，在未来的各类市场上，若你是稀缺的，你就是有价的；你越稀缺，你的价值就越高。即使是在一个"拼爹"的社会，一个人不可能无论何时、无论何地、无论何事都能"拼爹"，总会有依靠自己的时候，需要依靠自己的稀缺性。一个人越稀缺，其整个生命周期的货币收入与非货币收入就越高。收入，无论是货币收入，还是非货币收入（比如社会威望、个人声誉），都是你对社会贡献的衡量。也许，你说：来这儿，是为了"为天地立心，为生民立命，为往圣继绝学，为万世开太平"①。谢谢你的伟大梦想，这是你对非货币收入最大化的追寻。你们来这儿，是为了整个生命周期的收入最大化（货币收入与非货币收入之和），你们是理性人。

那么，怎么体现自己的稀缺性？稀缺性就是你的潜在生产率。你的潜在生产率越高，你就越稀缺。潜在生产率是看不见、摸不着的，但确确实

---

① "为天地立心，为生民立命，为往圣继绝学，为万世开太平"为北宋大家张载的名言。

实存在。发挥一下想象力，你们入学时有个潜在生产率，毕业时有个潜在生产率，二者一减，就有个潜在生产率增量。潜在生产率增量，就是教学生产函数的产出。产出越大，你就越稀缺，你的竞争力就越强，货币收入和非货币收入就越高。

其实，世间一切问题，皆是经济问题；一切经济问题，皆是选择问题。上大学，生产马铃薯，组装家具，造轮船，踢足球，看电影，有什么不同吗？从经济学的逻辑讲，没有什么不同，都是稀缺资源的配置问题，即选择问题。

总之，你们之所以上大学，一定有目标函数，尤其是成本与收益的理性计算。你们之所以上大学，就是要谋求稀缺性，谋求未来在社会上尤其是在劳动力市场上的稀缺性。一切稀缺的东西，都是有价的。有了稀缺性，就可以谋求整个生命周期（甚至之后）货币收入和非货币收入的最大化。

专栏　大衰退时期的毕业生①

1988 年出生的美国孩子及其父母，肯定想不到，等他们大学毕业时，美国经济竟然是这般光景，就业没有着落。2006 年，他们大学入学时，肯定也没有想到，2010 年大学毕业时，找工作如此困难。

2007 年美国次贷危机发生，2008 年演变成金融危机，带来了严重的经济衰退，被称为大衰退时期，与 1929 年发生的大萧条形成了历史呼应。

找工作困难是一方面，更为重要的是，很多大学毕业生背负着大量的贷款。受大学学位可以带来优厚薪水的诱惑，很多人开始借钱上大学。2005—2010 年，美国学生债务余额翻了一倍。到 2012 年，学生债务余额超过 1 万亿美元。据统计，有 2/3 的本科毕业生向政府或私人机构借贷。

曾背负贷款的毕业生说："你经常会听到这么个说法：无知的代价难以估量。但从高等教育的情况看，无知变得越来越合算。"

---

① 阿蒂夫·迈恩，阿米尔·苏菲. 债居时代：房贷如何影响经济［M］. 何志强，邢增艺，译. 北京：中信出版集团，2021：169 – 170.

那么，如何实现产出最大化，那就要依靠生产函数的每一个要素及其组合了。这就是我们教学的开始，这就是"你们为什么在这儿"的经济学逻辑。

请记住，无论是鲜衣华盖之辈，还是引车贩浆之流，在人的整个生命周期，从摇篮到坟墓，无论何时，无论何地，都面临着经济学真理的残酷作用。信也罢，不信也罢，真理就在那里。顺之则昌，逆之则亡。

作为教师，作为课室里的一个平等的成员①，作为教学投入要素之一，我的使命是，经济学布道，张扬理性，启蒙思想。我们在一起，是一个团队生产②方式。作为投入要素之一，你们的使命是什么？你们自己回答吧。

好吧，生产函数的投入要素都到齐了，迟到的或旷课的，是自愿退出了生产函数。接下来，让我们一起探索、理解并改造真实的花花世界，让生产函数开始吧。

三、经济史概览

让我们开始徜徉在"经济史"课堂中吧。请记住，"经济史"这门课，应该有一个副标题：面向未来的全球回望。在以后的课程旅程中，请时刻记住这句话。

回望历史，是为了未来的美好生活。我们应该记住："只懂得一个国家的人，他实际上什么国家都不懂（Those who only know one country know

---

①　作为一名教师，我深知：老师不是教室里的 King（国王），而是一个平等的 Partner（参与者）。教师不能囿于教室，而是应该走出教室，做一名开放世界里的 Partner。否则，在教室里，和手机（手机是一个开放世界）竞争学生的注意力，是一件颇费心思的事。作为一名经济学者，我深知，只懂经济学的经济学者，绝对不是一名好学者。作为一名经济学的教师，既要讲好"黑板经济学"，锻炼缜密的逻辑思维；也要洞察"现实经济世界"，做一个世俗哲人。

②　团队生产，指任何一件产品都是由企业内部若干成员合作协同生产出来的，而且任何一名成员的行为都将影响其他成员的生产率。团队生产一方面会提高生产效率，另一方面也会降低效率。

no country）。"① 因此，比较历史分析至关重要，我们要全球回望。

本书用经济学原理阐释经济史演进的基本逻辑和基本规律，以中国经济史为重心，兼顾世界经济史的比较分析，以大事件和专题的形式使学生了解历史演进的特征与趋势，能够洞察重大历史事件的经济学逻辑和微观个体行为选择的动因，并掌握分析经济史演进的理论与方法。本书分为六章：

第一章"经济史：经济学原理的试验场"，从经济学的稀缺性原理出发，讲述分析经济史的视角、理论、方法，使学生理解"历史就是经济学原理的试验场"，具备进行历史事件经济学分析的能力。

第二章"人地关系：马尔萨斯陷阱与传统经济"，基于马尔萨斯陷阱产生的时代背景，运用经济学原理讲述中国经济格局历史变迁的特征和动因，考察中国与西方国家是如何突破该陷阱的。

第三章"盛衰之间：李约瑟之谜与东西方大分岔"，讲述李约瑟之谜（历史上中国为何由盛而衰）的历史渊源和含义，阐述 16 世纪初以来中西方发展大分岔的理论解释，洞察历史演进的经济学逻辑力量。

第四章"经济奇迹：中国之治与经济体制比较"，论述由"中国奇迹"迈向"新的更大奇迹"背后的持续动力是中国之治，体现了中西经济体制及其治理效能的差异。与第三章"中国为什么衰落"相呼应，形成一个完整的逻辑体系。

第五章"经济大循环：中国与美国的演进路径"，讲述中国经济发展的历史逻辑主线是以国内大循环促进国际大循环，美国经济发展的历史逻辑主线是以国际大循环促进国内大循环。

第六章"向湾而生：陆海互动的历史与未来"，讲述海洋经济和湾区经济的发展史，人类向洋而生，实现了全球大交换的空间转换，即从"土地—农耕"模式迈向"海洋—贸易"模式，从丝绸之路大交换迈向海上丝

---

① 这是美国政治学家和社会学家 Seymour Martin Lipset 的名言，转引自中信出版集团出版的"比较译丛"序。

绸之路大交换。人类向湾而生，是风险化解的空间选择的理性演进。粤港澳大湾区是向湾而生的典范。

在学习过程中，请同学们用心体会自己的成长史。期末的时候，每位同学请交一张《个人成长史与大事记—年表》。请回忆，在哪儿、通过什么途径、得到什么事件消息、对你或家庭或地区产生了什么影响；或亲身经历的事件及产生的影响。请记住，每个人都是一部鲜活的历史，每个人都在掌控着自己的舞台。

个人成长史与大事记—年表

姓名：　　　　　　　　性别：　　　　　　　学号：

出生日期：　　　　　　　出生地：

年	月	世界及本国（地区）大事	年龄	学习/生活/工作	经历/影响

★重要概念

1. 生产函数　　2. 机会成本　　3. 人力资本投资　　4. 稀缺性

★讨论与思考

1. 请与同学讨论：为什么要上大学？周恩来曾说，"为中华之崛起而读书"。年轻的同学们，你们为什么而读书呢？请进行成本收益分析。

2. 为什么要学习"经济史"这门课？请进行经济学分析。

3. 美国次贷危机为什么会发生？该事件如何影响美国人上大学的决策？请查找史料，未来课程会涉及。

★延伸阅读

加里·斯坦利·贝克尔. 家庭论 [M] . 王献生，王宇，译. 北京：商务印书馆，1998.

第一章

经济史：经济学原理的试验场

本章导读

人生在世，都要面临经济学原理的作用。历史就是经济学原理的试验场。经济学，从历史中来，到历史中去，洞察规律与趋势，在历史和未来之间构架了桥梁。人类历史上，经济学家为何姗姗来迟？市场登上资源配置的舞台，是一个历史分野。在资源稀缺性与人的理性选择互动中，历史事件彰显了经济学的力量。

透过现象看本质，需要把握"一物一世界"的科学抽象法。无论是防盗门背后的产权制度，还是美国厂商把太平洋变成了小池塘的全球化力量，都是如此。你能看到多远的过去，就能看到多远的未来。面向未来的全球回望，就是要追寻并把握趋势的力量。

趣修经济史

人生在世，无论是鲜衣华盖之辈，还是引车贩浆之流，都要面临经济学原理的作用。人类的历史通常充满着经济学原理的鲜活场景。历史就是经济学原理的试验场。美国经济学家约瑟夫·熊彼特在其浩瀚巨著《经济分析史》中说："经济学的内容，实质上是历史长河中的一个独特的过程。如果一个人不掌握历史事实，不具备适当的历史感或所谓历史经验，他就不可能理解任何时代（包括当前）的经济现象。"① 经济学理论的力量，在于对人类行为的高度抽象，从特殊性迈向普遍性。莱昂内尔·罗宾斯曾经发问："生产马铃薯，与生产哲学，从经济学角度看，有不同吗?"② 从经济学角度看，没有什么不同，都是稀缺资源配置进行生产而已。经济学，从历史中来，到历史中去，浪沙淘尽碎片化事实，抽象出经济学规律及其背后的趋势力量，在历史和未来之间构架了桥梁。

第一节　经济学家为何姗姗来迟

一、市场登上资源配置的舞台

自从猴子从树上跳下来变成人，就面临着生存问题。人类一直还活着，这表明人类能够有效地解决这一问题。每一代人都希望比父辈生活得更好，这是一种追求。怎么实现这一追求呢？靠生产活动能够增值。没有

① 约瑟夫·熊彼特. 经济分析史：第一卷 [M]. 朱泱，等译. 北京：商务印书馆，1991：31. 熊彼特指出，"科学的"经济学家和其他一切对经济课题进行思考、谈论与著述的人们的区别在于掌握了技巧或技术，而这些技术可分为三类：历史、统计和"理论"。经济史乃是最重要的。如果重新开始研究经济学，在这三门学科中只能任选一种，那么就选择经济史。
② 莱昂内尔·罗宾斯. 经济科学的性质和意义 [M]. 朱泱，译. 北京：商务印书馆，2000. 该书是罗宾斯1932年出版的著作，力图更准确地定义一个作为科学的经济学，以引出其实质性的含义。

010

增值，何来更好！

　　增值，就是经济增长。怎么实现增长呢？从远古以来，人类并没有很好地解决经济增长进而生活更好的问题。人类似乎只是解决了生存问题，日复一日，年复一年。直到历史的脚步来到了这个时代："资产阶级在它的不到一百年的阶级统治中所创造的生产力，比过去一切世代创造的全部生产力还要多，还要大。……过去哪一个世纪料想到在社会劳动里蕴藏有这样的生产力呢？"① 1848 年，《共产党宣言》指出这一人类历史的重大经济变化。

　　看来，18 世纪 50 年代以来，人类已经很好地解决了经济增长问题。这一切是怎么开始的？自然界没有跳跃，万事皆有源头。与之相伴的一个问题是：人类历史上，很早就有军事家、政治家、文学家、发明家、医师、巫师……，但一直没有经济学家。直到 1776 年，亚当·斯密②的《国民财富的性质和原因的研究》（简称《国富论》）出版，意味着现代经济学产生了。经济学家正式登上世界舞台。经济学家为何姗姗来迟？人类解决经济增长问题与经济学家登上世界舞台，是巧合，还是必然？

　　任何社会，都要解决稀缺资源的配置问题。回望历史，人类历史长河中，似乎都是习俗或者权威在主导。1972 年诺贝尔经济学奖获得者约翰·希克斯的《经济史理论》③把人类经济活动的历史区分为两种类型，即自由放任或集中干涉，市场兴起的背景是习俗经济和指令经济。按照习俗配

---

　　① 马克思，恩格斯. 共产党宣言［M］. 北京：人民出版社，1992：31.
　　② 亚当·斯密（1723—1790），出生于苏格兰法夫郡（County Fife），哲学家、作家，现代经济学主要创立者，被誉为"古典经济学之父"。14 岁考入格拉斯哥大学，学习数学和哲学，并对经济学产生兴趣。17 岁时转入牛津学院。1748 年到爱丁堡大学讲授修辞学与文学。1751—1764 年回格拉斯哥大学执教，其伦理学讲义在 1759 年以《道德情操论》为名出版。1767 年辞职回家乡写作《国富论》，9 年后出版。1787 年他出任格拉斯哥大学校长。1790 年逝世于苏格兰爱丁堡。
　　③ 约翰·希克斯. 经济史理论［M］. 厉以平，译. 北京：商务印书馆，1987.

置资源，一切按部就班，无论是封土建国，还是家长说了算①，伦理秩序决定了配置的次序和多少，社会的激励结构基本确定了。由权威配置资源，"溥天之下，莫非王土；率土之滨，莫非王臣"，一切由权威决定，社会的激励结构更加集中简化。习俗和（或）权威，伴随着人类，走过了漫漫长路。这样的时代，似乎没有经济学家的用武之地，尽管资源配置的经济问题一直存在。

直到有一个时代，主导资源配置的东西，发生了变化。1492 年，哥伦布②发现美洲新大陆。1498 年，达·伽马③开拓了从欧洲绕好望角到印度的航线。世界大市场突然连通了。"由于开拓了世界市场，使一切国家的生产和消费都成为世界性的了。"④

市场开始主导资源配置了。市场一旦登上人类历史的舞台，每一个人的逐利之心，就多元化了。"它把宗教虔诚、骑士热忱、小市民伤感这些情感的神圣发作，淹没在利己主义打算的冰水之中。"⑤ "它按照自己的面貌为自己创造出一个世界。"⑥

市场主导世界了，人类活动的增值能力就爆发了，一切都变了。

---

① 当今世界，摩梭人生活在四川、云南交界处风光秀丽的丽江市泸沽湖畔，仍保留着母权制家庭形式。母系家庭中母亲主宰一切，女性在家庭中有着崇高的地位。家庭财产的保管使用、生产生活安排、一般家务及接待宾客皆由母亲或家庭中聪明能干、有威望的妇女做主。

② 克里斯托弗·哥伦布（1452—1506），出生于中世纪的热那亚共和国，意大利探险家、航海家，大航海时代的主要人物之一，是地理大发现的先驱者。1492 年，其船队在巴哈马群岛登陆。在后来的三次航行中，哥伦布到达过大安的列斯群岛、小安的列斯群岛、加勒比海岸的委内瑞拉，以及中美洲，并宣布它们为西班牙帝国的领地。他的航海带来第一次欧洲与美洲的持续接触，开辟后来延续几个世纪的欧洲探险和殖民海外领地的大时代。

③ 瓦斯科·达·伽马（约 1469—1524），葡萄牙航海家、探险家，是从欧洲绕好望角到印度航海路线的开拓者。1497 年 7 月 8 日，受葡萄牙国王派遣，率船从里斯本出发，寻找通向印度的海上航路，船经加那利群岛，绕好望角，经莫桑比克等地，于 1498 年 5 月 20 日到达印度西南部卡利卡特。

④ 马克思，恩格斯. 共产党宣言［M］. 北京：人民出版社，1992：29.

⑤ 马克思，恩格斯. 共产党宣言［M］. 北京：人民出版社，1992：28.

⑥ 马克思，恩格斯. 共产党宣言［M］. 北京：人民出版社，1992：30.

亚当·斯密的厉害之处在于，他在纷繁复杂的社会乱象中，看到了万物皆有序，看到了是市场这只"看不见的手"在引导着经济社会运行，而不是此前的习俗或权威。

1723 年出生在苏格兰的亚当·斯密，敏锐地观察到其生活的时代，虽然人们只是懵懵懂懂地感受到现实世界中"利"的冲动，但市场已经悄悄地主导社会运行了。每一个人行随心动，每一个人为了自己的美好生活而努力奋斗，展现自己的才华。英国成为"小店主国家"。市场就是一个才华折现器。这个折现器，催生了一个历史大事件。

第一次工业革命为什么发生在英国？16 世纪初，世界市场连通了，激发了人们的逐利之心。但人们更需要"利"的保护，需要市场有一定的游戏规则。

1533 年，伊丽莎白一世①出生了。1558 年就任英国女王的她功绩影响深远：重组国家金融，使英镑平稳走过令人惊叹的 300 年路程；金融资产保护让投资人感到安全，政府通过发债借款扶持工业发展，不再受短期内税收水平限制。历史学家理查德·爱伦贝格曾说："如果不是在 1693 年到 1815 年发行了 9 亿英镑的国债，英国就不可能成为今天的大不列颠帝国，不可能把半个地球征服在脚下。"

伊丽莎白一世的现实逻辑（为市场立规），穿越历史，造就了亚当·斯密的理论逻辑（市场秩序），促使经济学家不再羞羞答答地登上舞台。哥伦布、伊丽莎白一世、亚当·斯密，穿越时空隧道，就这样握手了。从此，市意风行，人类生产活动的增值能力开始释放。

---

①　伊丽莎白一世（1533—1603），1558 年 11 月继承王位。1559 年 1 月 15 日，伊丽莎白一世正式加冕成为英格兰的女王。她成功保持了英格兰的统一。经过近半个世纪的统治后，英格兰成为欧洲最强大的国家之一。其统治时期，在英国历史上被称为"黄金时代"。她终身未嫁，被称为"童贞女王"，也被称为"荣光女王""英明女王"。

二、市场使历史走向分异

1815 年 6 月 18 日，在比利时小镇滑铁卢，拿破仑①思绪万千，心情低落。他没有想到，15 日率领 12 万大军从法国进入比利时，竟然如此溃败。拿破仑想不到，自己看不起的"小店主国家"英国及其联军，打败了自己的豪华之师。其实，拿破仑更没有想到，打败自己的不是英国军队，而是英国小店主，是小店主背后的综合国力。任何战争的背后，都是经济实力的博弈，都是经济发展动力的博弈，都是经济制度的博弈。正是 18 世纪英国小店主的蓬勃发展，不断创新，不断开拓市场，造就了第一次工业革命，使英国把半个地球都踩在脚下。人类历史上，还是第一次，军队在市场面前失败了。

1839 年 6 月 2 日晚，林则徐②辗转反侧，明天就要开始销烟了，这件事情耗费了很多精力，下了很大的决心，也不知道未来又会发生什么事情。一年之后，1840 年 6 月 28 日，英国对华发动鸦片战争，中国失败了。国人惊醒，19 世纪 60 年代初开始洋务运动。

1853 年 7 月 14 日，美国的佩里③率领士兵登陆日本，震惊了日本朝

---

① 拿破仑·波拿巴（1769—1821），军事家、政治家，法兰西第一帝国的缔造者。历任法兰西第一共和国第一执政（1799—1804 年），法兰西第一帝国皇帝（1804—1815 年）。执政期间多次对外扩张，在最辉煌时期，欧洲除英国外，其余各国均向拿破仑臣服或与之结盟，形成了庞大的拿破仑帝国体系。1815 年，拿破仑建立百日王朝后再度战败于滑铁卢后被流放。

② 林则徐（1785—1850），福建侯官人，清代政治家、文学家、思想家。1839 年，以钦差大臣的身份赴广东禁烟时，强迫外国鸦片商人交出鸦片，于同年 6 月在虎门销毁鸦片。该事件成为第一次鸦片战争英国入侵中国的借口。林则徐于 1840 年被革职，1841 年被发往新疆戍边，1845 年起历任陕甘总督、陕西巡抚、云贵总督等职。1850 年，奉命镇压拜上帝会，途中病逝于潮州普宁。

③ 马休·卡尔布莱斯·佩里（1794—1858），美国海军将领。1853 年，率领远征军打开了日本的国门，并与日本签署《日美亲善条约》（又称《神奈川条约》）。

野。日本对西方工业文明"始惊，次醉，终狂"①。日本多次派出使团游西方之后，于1868年开始明治维新，推行殖产兴业，学习欧美技术，推进工业化，提倡文明开化。

1894年7月25日，中日甲午一战，检验了中日双方初始工业化的成果。中国向何处去？国人困惑，思考，求新，求变！1900年前后，严复②翻译了《国富论》。和市场握手的现代经济学开始进入中国。这是一个起点，虽然还不是市场经济时代。

1776年，大西洋东岸，英国的亚当·斯密出版《国富论》；同年，大西洋西岸，美国建国。这是一个历史的巧合，《国富论》宣扬"市场"这只"看不见的手"，美国后来成为全球最发达的市场经济国家。《国富论》的风行，伴随着西方国家的市意风行，伴随着西方经济社会的快速发展。这引发了中国人百年求索并力图解答的"李约瑟之谜"（历史上中国为什么由盛而衰）。严复推开了一扇窗，中国人思想的空灵被市场触动了。原来，经济社会运行，还有市场（及其背后的规则）这么一股强大的力量。

---

① 明治维新初期，日本政府派出以岩仓为首的高级访问团，访问欧美后，其提交的报告中用"始惊，次醉，终狂"三个词来概括访问感受。始惊，是他们到了欧美，看到西方发达的景象，最初感到吃惊；次醉，是陶醉在西方先进的物质文明和精神文明之中；终狂，是回国后，最终下定决心疯狂地向西方学习。

② 严复（1854—1921），福建侯官（今福州市）人，中国近代启蒙思想家、新法家、翻译家，是中国近代史上向西方国家寻找真理的"先进的中国人"之一。他系统地将西方的社会学、政治学、政治经济学、哲学和自然科学介绍到中国，他翻译的《天演论》《原富》《群学肄言》《群己权界论》等著作在当时影响巨大，是中国20世纪最重要的启蒙译著。他从1898年开始翻译了《国富论》，1901年以《原富》为名出版。

第二节　历史中的经济逻辑

一、稀缺性与理性选择

任何社会，都需要解决两大问题：一是稀缺资源如何有效配置，如何符合社会偏好而不浪费；二是如何激发社会成员的积极性，如何激励每一位成员奋发图强、积极工作，而不会造就一批懒人、闲人、庸人。解决这两大问题，不同的经济制度有着不同的效果。在人类发展的历史长河中，各种经济制度一直在竞争，优胜劣汰。没有效率的经济制度，必将退出历史舞台。人类发展迄今，市场经济制度，虽然不能说是最好的，但至少可以证明是比较有效率的。这是发达国家（地区）选择市场经济制度的关键所在，也是我们经历探索之后选择市场经济制度的关键所在。

市场经济的核心功能在于通过价格市场信息的有效利用，引导理性的行为主体的稀缺资源配置符合社会偏好。符合社会偏好，资源配置有效，理性行为主体就有利可图，福利就会增加；否则就是浪费，就无利可图，福利就损失了。在这一过程中，自由选择的行为主体自由决策，决策的结果自行承担。理性行为主体要想福利最大化，就要为社会提供有用的产品和服务，使别的理性行为主体的福利增加。正所谓，通过使别人幸福，实现自己的幸福，这就是市场经济的激励相容，这就是市场经济功能的作用过程，也就是市场在资源配置中起决定性作用的实现过程。市场决定性作用的最终目标，就是要塑造一个好的社会，一个人们通过市场平等发生联系的社会。

比如，女生的衣橱里永远都少一款服饰，因此女生爱在商场里搜寻，搜寻那件心中的"稀缺"，希望"众里寻她千百度"，心理效用高，逛街就不觉得累。那么，一个问题来了：如果你看上一件心仪的服饰，为什么不可以穿起来就走，而必须支付一定的货币呢？每个人都能讲出一堆理由，法律的理由，道德的理由，等等。但另一个问题又来了：你在商场里呼吸着空气，空气对生命不可或缺，你为空气付费了吗？为服饰付费的终极理由应该是生产服饰的资源是稀缺的。这是任何社会都要面临的一个问题：稀缺资源应如何配置以满足无限的多元化的社会需要。有人喜欢红色的连衣裙，有人喜欢紫色的长裤，有人喜欢米黄色的风衣，稀缺资源如何配置才能满足这些偏好呢？

假如，广州现在流行银色服装。流行，就是有市场需求，短期内甚至是指数增长的市场需求。有市场需求，供给跟不上，价格就上涨；广州的零售商就到杭州的批发商那儿多进货，批发价格就上涨；杭州的批发商就到河北的制衣商那儿多进货，出厂价格就上涨；河北的制衣商就多买河南的布料，布料的价格就上涨；河南的制布商就多买宁夏的那款线，线的价格就上涨；宁夏的制线商就多买新疆的棉花，棉花的价格就上涨；新疆的棉农就多种植符合那款线需要的棉花。真是神奇：新疆棉花→宁夏制线→河南织布→河北制衣→杭州批发→广州零售→广州人民的服装偏好得到满足。新疆棉农、宁夏厂商可能并不知道广州流行什么，但棉农、厂商却把稀缺资源配置到广州人民所喜欢的服装上去。

这是如何实现的？这背后有什么神奇的力量？这是价格的神奇力量。每一个企业，无论身在何地，都是自主决策。价格引导着每一个企业自主决策。以价格为中心的市场信息的有效运作，就把稀缺资源配置到符合社会偏好的商品上去。当然，自由是你的，自由选择的结果也是你的：判断对了，你就赚了；判断错了，你就亏了；自由是你的，风险也是你的。

解决稀缺性问题的同时，任何社会都要面临第二个重要问题：人！一个社会，如何激发其成员的积极性，至关重要。人是极其复杂的。人性本善，抑或人性本恶，都是人类思维的惰性使然。人性是在善恶之间的动态复杂过程，善恶之间，既可能是渐变，也可能是骤变。人性的动态复杂性，决定了社会的复杂性，决定了市场的复杂性，决定了历史进程的复杂性。

任何社会，人对激励是有反应的①。试想，你到一家饭店吃饭，迎宾小姐会对你面带微笑，无论是你进店时，还是离店时。迎宾小姐为什么会对你面带微笑？对顾客而言，微笑的心理效用是高的。微笑，可能发自内心，也可能是职业性的，但长时间的微笑，也是很累的，也是需要付出成本的。迎宾小姐为什么可以长时间做出利他的行为（微笑）呢？迎宾小姐是理性人，是追求自己的利益最大化的。面带微笑，利他的行为带来回头客，饭店就有了可持续的现金流，就业就稳定了，奖金就高了，利己的目的就实现了。通过做出利他的行为，实现利己的目的；通过"我为人人"，实现"人人为我"。这就是激励相容，这就是和谐社会，这就是一个"全心全意为人民服务"的社会。

到哪里寻找这样的社会呢？在人类的历史长河中，各种制度是在竞争的，岁月会淘汰掉一切无效率的东西，这既是历史的无情之处，也是历史的有情之处。市场经济制度，不一定是最有效率的，但可能是具有相对效率的。至少，实践是这样告诉我们的：市场经济国家（地区）不一定是发达经济体，但发达经济体一定是市场经济国家（地区）。

市场，就是一个相互打工的世界。我为社会提供更好的产品或服务，市场的货币选票决定着我的现金流"有或无""多或少"，决定着我的生活，决定着我有多少"别人为我提供的产品和服务"。市场，讲的是"和气生财"。为什么要细声细气地经营市场？因为粗声粗气会赶走你的货币选票。把别人的钱，通过市场，装到自己的口袋里，是不容易的。马克思

---

① 美国经济学家 N. 格里高利·曼昆的《经济学原理》介绍了经济学十大原理：①人们面临权衡取舍；②某种东西的成本是为了得到它而放弃的东西；③理性人考虑边际量；④人们会对激励做出反应；⑤贸易能使每个人状况更好；⑥市场通常是组织经济活动的一种好方法；⑦政府有时可以改善市场结果；⑧一国的生活水平取决于它生产物品与劳务的能力；⑨当政府发行了过多货币时，物价上升；⑩社会面临通货膨胀与失业之间的短期权衡取舍。

说得好："商品价值从商品体跳到金体上……是商品的惊险的跳跃。这个跳跃如果不成功，摔坏的不是商品，但一定是商品所有者。"① 市场的美，就在于激励其成员去努力工作，以提供更好的产品和服务，去满足偏好，解决稀缺性问题。

二、经济学的力量

（一）为什么要学习经济学

为什么要学习经济学？有人说，学习经济学，可以赚钱；有人说，现代社会，如果不会用供求原理分析石油价格，那就是现代的文盲；有人说，经济学，是古老的艺术，是新颖的科学，是社会科学皇冠上的明珠。

如果花稀缺的宝贵的时间仔细思考一下，就会发现，无论何时，无论何地，从摇篮到坟墓，我们都面临着经济学原理的残酷作用。无论你是居庙堂之上，还是在江湖之远，经济学原理就在你的身边，顺之则昌，逆之则衰。

1991 年因海湾战争②而民意支持率超过 90% 的布什总统，于 1992 年谋求连任，却输给了年仅 46 岁的阿肯色州州长克林顿。克林顿的竞选口号抓住了选民的心，那就是"笨蛋，问题在经济（It's the economy, Stupid）"。经济问题，决定了总统的命运。

一个厂商，面对有限的资金，怎样生产，才能实现利润最大化？一个消费者，面对有限的收入，怎样选择合意商品，才能实现效用最大化？一个股民，在经济繁荣或经济萧条时，怎样根据需求收入弹性来选择股票？你是否知道，美国联邦储备委员会（美国的中央银行）的利率政策，一直

---

① 马克思. 资本论：第一卷 ［M］. 北京：人民出版社，1975：124.
② 1990 年 8 月 2 日深夜 1 点，伊拉克 10 万大军越过伊科边界向科威特发起突然进攻，仅用 10 个小时就占领了科威特，由此引爆了震惊世界的海湾危机。在持续的五个半月里，国际社会的和平努力终成泡影。1991 年 1 月 17 日深夜 2 点 30 分，从海湾的美国战舰上发射出的第一枚"战斧"巡航导弹在伊拉克首都巴格达爆炸，拉开了海湾战争的序幕。

影响着世界人民的钱袋子。

世界在你眼前，经济学在你身边。世间一切问题，皆是经济问题。一切经济问题，皆是选择问题。一切选择问题，皆是利益问题。行随心动，心随利动！纷繁复杂的世界，就这样运行着。经济学就是要洞察这个真实世界！经济学不能保证你挣到钱，却保证让你知道，为什么挣不到钱。经济学不能保证你就业，却保证让你知道，为什么会失业。经济学不是万能的，但没有经济学是万万不能的。

经济学是研究有约束条件下人的最大化行为的。行动，一般是行随心动，是心与外部约束条件的互动。人的行为，一定是综合考察各种变量的结果。经济学，就是研究各种经济变量之间的逻辑关系。

（二）利益博弈：出租车司机决策的经济学逻辑

在 20 世纪 90 年代末期，某年的冬天，我有一次外出晚归，公交停运了。回学校的路程，说远不远，说近不近，凛冽寒风中，冰冷刺骨的负效用告诉我，还是打出租车吧。这对于囊中羞涩的我，还是挺奢侈的。上车之后，我告诉司机先生，到某某大学。没想到，司机先生就开始了巡城之旅。本来起步价 10 元就可以到达学校，司机先生却漫无目的地开了起来。我突然明白了，可能是我的标准普通话口音惹的祸，不是本地口音的话语向司机先生发出了信号：这个乘客是外来的，不熟悉路程。人对激励是有反应的，无论何时，无论何地，无论是不是机会主义。司机先生通过口音的信号得出乘客可能对路况不熟悉，利用信息不对称可以多赚钱，最终做出了理性决策：多绕几圈，行车里程最大化，车费最大化。

表面平静内心愤怒的我，欣赏着寒冷的夜色美景，黑眼睛穿过夜色，看到了灯火迷离中闪烁的人性。在夜间观景闲暇的效用递减之际，我说了一句话："先生，别再瞎转了，我就给你 10 块钱。"司机先生大惊，一句话没说，几分钟时间就把我送到目的地。

我想，司机先生一定很懊恼，本来不存在信息不对称（乘客熟悉路程），他却认为，可能存在信息不对称（乘客不熟悉路程）。判断的失误，只能多耗油钱。市场就是这样，自由选择是你的，自由选择的结果也是你的。即使法律不可能管那么细，市场也会制裁你。我猜想，司机先生一定会在迷离的夜色中迷离很长一段时间。

冷静下来后，有几个问题一直萦绕在我脑海中：司机为什么想骗我？他是一直想欺骗乘客，还是偶发的，在当时的场景之下，才想欺骗我？如果是前者，司机老想欺骗乘客，坏司机当道，那一定是出租车制度设计有大问题；如果是后者，偶然的场景，好司机偶然变成了坏司机，一定是出租车制度设计的瑕疵或缝隙引发的偶然行为。人是理性的，司机肯定不傻。司机开出租车的目标是什么？收入最大化！司机为什么要欺骗乘客？想多挣钱。司机求"多"。司机如果不欺骗乘客，能不能多挣钱呢？这是一个问题。乘客的目标是什么？在安全的情况下，以最短的距离、最快的速度（因此车费就少）到达目的地。乘客求"少"。乘客能不能在不担心司机欺骗的情况之下，实现求"少"呢？这又是一个问题。

可见，司机和乘客的目标函数是不同的。有没有什么办法，把司机求"多"与乘客求"少"这两个截然不同的目标结合起来，实现兼容？其实就是说，能否有一种办法可以实现：司机基于自身收入最大化的目标，发自内心地主动做出利他行为，以最短的距离、最快的速度送乘客到目的地。这样，司机求"多"与乘客求"少"的目标就都实现了，这就是激励相容。

这种办法有吗？有！而且正在执行。这就是出租车车费定价公式。如果起步价 10 元，2 公里之内，无须多付费。超过 2 公里的部分，按照每公里 2.6 元付费。

$$P = F + C \times (D - 2)，当 D \geqslant 2$$
$$P = 10 + 2.6 \times (D - 2)，当 D \geqslant 2$$

这个定价公式，能够实现激励相容吗？为什么不用另外的公式：$P = 2.6 \times D$？即不用起步价，直接按里程算。这个公式很简单，结果也很明了：只要一有机会，司机一定会欺骗乘客，因为司机谋求里程 D 最大化，进而实现收入最大化。即使是一个原本职业道德很好的司机，也经受不住金钱的诱惑和同业其他司机行为示范的诱惑，最后一定会欺骗乘客。定价公式即是合约。这个合约，不是个好合约，因为它使好人变坏。同时，这一合约也使出租车公交化，即使很短的距离，乘客也选择乘出租车，因为花费和公交差不多，却省去了很多的拥挤烦恼。这样，乘客也变成了机会主义者，即变成了"坏人"。这个合约，真的不好，它使人变坏。

那么，$P = 10 + 2.6 \times (D - 2)$，当 $D \geq 2$，这个合约管用吗？管用，尽管有瑕疵！很多人对起步价 10 元很不满，说为什么要交 10 元，而不管 2 公里之内的路程远近。但这个合约的核心要义就在于这起步价 10 元，而且满足一个数学关系：

$$\text{起步价 10 元} > 2.6 \text{ 元/公里} \times 2 \text{ 公里}$$

太奇妙了！这完全改变了司机的目标函数。如果一天能够多搭载几次乘客，起步价赚的钱，可能比里程数赚的钱要多。这样，司机谋求收入多，就转化为谋求每天乘客搭乘次数最大化。同样求"多"，内容变了。如何实现乘客搭乘次数最大化，在既定的时间约束下（司机要定时交班），那就以最短的路程、最快的速度把乘客送到目的地。司机求"多"与乘客求"少"的目标实现激励相容了。

有人问，如果起步价（比如 4 元）< 2.6 元/公里 $\times 2$ 公里，会怎样？乘客就成为机会主义者，会把长里程拆分为若干个短里程，分别乘出租车。比如说，10 公里，正常应该花的车费是 24.8 元，即 4 元 $+ 2.6$ 元 $\times (10 - 2)$ 公里。但乘客可以把它分为 5 段，每段 2 公里，共花 20 元，即 4 元 $\times 5$ 次。短途多次，司机将不胜其烦。很可能，司机都不干了，出租车

也可能就消失了。乘客没出租车乘了，要么自己开车，这不是每个人都能实现的；要么乘公交（含地铁），融入上下班高峰期的滚滚洪流中。看来，起步价，一定要大于2.6元/公里×2公里。超过的部分越多，就对司机越有激励，司机就越有积极性以最短的里程、最快的速度送乘客到目的地。

那么，$P = 10 + 2.6 × (D - 2)$，当$D \geqslant 2$，司机会欺骗乘客吗？可能会，也可能不会。如果下了一个（批）乘客，马上就又上了一个（批）乘客，一个合约结束了，另一个合约马上开始了，司机搜寻乘客的成本为零或接近于零，司机就不会欺骗乘客，赚起步价就可以了。如果长时间搜寻不到乘客，那碰到一个就是一个，能骗一个就是一个，机会主义就来了。我就是其中的"那一个"之一。在凛冽寒风的晚上，行人寥寥，司机先生碰到了我。

三、经济史：理论试验场

经济史，应该是某时某地所发生的事件中，经济变量之间逻辑关系的梳理。通过变量的关系分析，辨析因果，辨析趋势。从而，回望过去，更好地展望未来。虽然时过境迁人不同，但有些逻辑关系是相对稳定的。年年岁岁花相似，岁岁年年人不同。如果只是阐述一些史料和碎片化的东西，那是史料文献方面的事情，而不是经济史学。经济史，是面向未来的，是为了未来的美好生活。

诺贝尔经济学奖获得者、货币主义学派米尔顿·弗里德曼[①]曾指出：1929年起世界经济大萧条，而1928—1937年是中国国民政府的经济增长黄金10年。1937年以后世界经济复苏，而中国经济衰退，恶性通胀，失

---

① 米尔顿·弗里德曼（1912—2006），美国芝加哥大学教授、芝加哥经济学派领军人物、货币主义学派的代表人物，1976年诺贝尔经济学奖得主、1951年约翰·贝茨·克拉克奖得主，以研究宏观经济学、微观经济学、经济史、统计学及主张自由放任资本主义而闻名。

去民心，政权更替。① 原因为何？因为 1933 年美国通过《白银购买法案》，美国政府敞开收购白银，导致国际银价上升。实行银本位货币制度的中国，面临两个问题：一是本币升值，抑制出口；二是白银走私到国际市场，白银储备不足，无法发行货币。国民政府废除银本位货币制度，实行新的货币制度，结果应对不足，造成恶性通胀。一个法案，导致另一个国家的货币制度坍塌。无论是否这样，但这一逻辑，令人惊诧。

经济变量之间的逻辑关系很有力量。历史是经济学原理的试验场。解剖这个试验体，记住五个命题很重要：选择很重要；成本很重要；激励很重要；制度很重要；证据很重要。②

选择很重要。稀缺促使人们以某种方式竞争，且必须选择。人们基于成本和收益做出选择。选择的结果不能得到保证，因为选择的结果在于未来。

成本很重要。选择具有成本，人们做选择的时候要承担成本。选择涉及替代方案的权衡。人们权衡边际收益和边际成本。任何决策的成本是必须放弃的次优选择。理性决策导致预期收益超过预期成本的活动的增加以及预期成本超过预期收益的活动的减少。

激励很重要。激励是鼓励人们行动的奖励。惩罚措施打击行动。人们以可预见的方式对激励做出反应；当激励变化时，行为以可预测的方式变化。

制度很重要。"游戏的规则"会影响选择。法律、习俗、道德准则、思想和文化制度会影响个人选择并形成经济体制。

证据很重要。基于知识和证据的理解会赋予看法价值。一个看法的价

① 米尔顿·弗里德曼. 货币的祸害［M］. 安佳，译. 北京：商务印书馆，2006. 弗里德曼指出，货币制度中有些看似微不足道的变化，常常会引出一些任何时候都会出现却无法预期的结果；从地方小业主到华尔街上的银行家，再到美国总统，没有人能躲过货币经济学的影响。
② 加里·M. 沃尔顿，休·罗考夫. 美国经济史［M］. 10 版. 王珏，等译. 北京：中国人民大学出版社，2013：15－17.

值由它所具的知识和证据决定。对看法的陈述应该发起对经济理解的探索，而不是结束它。

四、水相通：治国如烹小鲜

古人云：治大国，若烹小鲜。人世间，很多事情的逻辑，是一样的。治理国家和治理公司，道理是一样的。治理公司，就是要为客户提供更好的产品和服务，使客户满意。治理国家，如同治理一家大公司。国家这个大公司的产品就是繁荣与安全，客户就是百姓。古今中外，"水能载舟，亦能覆舟"，就是这个道理。孙中山所言，"世界潮流浩浩荡荡，顺之则昌，逆之则亡"，也是这个道理。李约瑟之谜①、黄宗羲周期律②……都是这个道理。

利比亚前总统卡扎菲，想必大家都知道：1942 年出生，1969 年任总统，担任总统 42 年后，2011 年 10 月 20 日，被反政府武装抓住并处死，死得很惨！卡扎菲到死都可能不知道，他为什么会在这个时候被处死？为什么此时利比亚会乱？他不知道，他的死与一个年轻人有关。这个年轻人叫穆罕默德·博瓦吉吉，是突尼斯的一个大学生。他毕业了，找工作，没找到，失业了；要生存，没办法，摆个地摊吧。城管大哥来了，推翻了他的小货车，扇了他一耳光；博瓦吉吉很生气，又没办法，跑到总统府门口自焚，被路人用手机拍成视频传到网上。

星星之火，可以燎原！人民起来了，总统逃亡了，突尼斯乱了，巴林乱了，叙利亚乱了，埃及乱了，利比亚乱了，反政府武装起来了，卡扎菲死了！卡扎菲死了，尽管鲜衣华盖高居庙堂数十载；博瓦吉吉死了，无奈江湖之远、生活之困。二人的死亡，有什么必然联系吗？

那就要从源头说起。博瓦吉吉为什么找不到工作？这与北非地区的主

---

① 历史上中国为何由盛而衰？本书第三章将详细论述该问题。
② 历史上的税费改革不止一次，但每次税费改革后，由于当时社会政治环境的局限性，农民负担在下降一段时间后又涨到一个比改革前更高的水平。明清思想家黄宗羲称之为"积累莫返之害"。

导产业有关。北非地区的第一大主导产业是石油。石油产业是垄断产业，在北非地区，想到石油产业工作，是需要"拼爹"的。博瓦吉吉"无爹"可拼。他来自一个单亲家庭，他的妈妈有 7 个孩子，博瓦吉吉是老大。"无爹"可拼，就很难进入石油产业。像博瓦吉吉这样的草根阶层，只能到第二主导产业找工作了。北非地区的第二主导产业是旅游业，如果很多人到北非去看金字塔，旅游业就会很旺盛。但博瓦吉吉在旅游业也没有找到工作。为什么？因为旅游业衰退了！为什么这个时候旅游业衰退了？因为欧美发生了金融危机，2007 年美国发生次贷危机，2008 年演变成金融危机；2009 年欧洲爆发主权债务危机。

金融危机发生了，欧美中产阶级的收入下降了。收入下降了，人们就不去北非地区看金字塔了，毕竟，旅游这种消费品的需求收入弹性是较大的。旅游业衰退了，博瓦吉吉就找不到工作了。

如果故事仅仅到此结束，还并不可怕！可怕的是，另一个故事正在上演！由于金融危机，欧美国家的中央银行为了救市，实行了量化宽松货币政策，向经济中注入了大量的货币。比如，2008 年 11 月至 2010 年 3 月，美国的第一轮量化宽松货币政策就释放了 1.725 万亿美元的货币，第一轮、第二轮、第三轮总计释放了 3.6 万亿美元的天量货币。

要知道，一个基本规律是：资本市场熊市后，必然有一个商品市场牛市，资金在资本市场获利回吐后，到商品市场寻求避险甚至投机！欧美国家的中央银行的量化宽松货币政策释放的天量货币，有一部分跑到国际市场上，推高了国际粮食的价格。听说当时，泰国的农民不敢睡在自己家里，要睡在自己家的水稻田里。因为国际粮价上升，农民怕水稻被人偷走了！北非地区"博瓦吉吉们"的食品，多是进口的，国际粮价上升，生活费用必然上升。

一方面，欧美金融危机，中产阶级不去看金字塔了，博瓦吉吉找不到工作了；另一方面，欧美的量化宽松货币政策推高了国际粮价，北非人民的生活费用上升。"博瓦吉吉们"，就生活在水深火热之中了。博瓦吉吉自焚了，卡扎菲被反政府武装处死了！这就是从小贩之死到他国总统之死的金融危机货币冲击的传导逻辑。

治理国家和治理公司，道理是一样的。治理公司，就是要为客户提供更好的产品和服务。客户用手投票。客户满意，货币选票就选择你，公司就繁荣昌隆；客户不满意，货币选票就抛弃你，公司就衰落破产。治理国家，如同治理一家大公司。国家这个大公司的产品就是繁荣与安全，客户就是百姓。客户满意，就用手投票，拥护你。客户不满意，就用手投票，不选你；或者，用手投票，武力推翻你；或者，用脚投票，抛弃你，移民了。

看来，卡扎菲并没有提供好的产品（繁荣与安全），客户不满意，便用手中的武力投票了。全球化时代，原来一切如此脆弱。历史如此重要，还是小心为妙。

第三节　现象与实质：科学抽象法

每一个历史事件，都有其经济学逻辑。"分析经济形式，既不能用显微镜，也不能用化学试剂。二者都必须用抽象力来代替。"[1] 马克思的科学抽象法，是极具历史穿透力的。如果静下心来，认真品读《资本论》，其逻辑的自洽，其逻辑的力量，令人拍案叫绝。《资本论》是一部市场经济的百科全书，把碎片化的历史图景通过科学抽象的逻辑力量贯穿成一个深邃的思想体系。碎片化的历史点滴，需要用抽象力串联起来。从碎片化到整体化，思考的力量实在是伟大。[2] 科学抽象是科学认识过程的一个环节，

---

[1]　马克思，恩格斯．马克思恩格斯全集：第 23 卷 ［M］．中共中央马克思恩格斯列宁斯大林著作编译局，译．北京：人民出版社，1972：8.

[2]　法国年鉴派在一定程度上呼应了马克思所主张的科学抽象力。费尔南·布罗代尔的《资本主义论丛》刻画了市场这一历史发展动力。

即在思维中抛开客体的非本质方面而抽取其本质方面的过程。的确，客观的事物总是以纷繁复杂的现象形态呈现于我们面前，但人们的认识不能仅仅止步于对现象进行浅显的描述，而是要透过事物的表象揭示出其本质和规律。只有在深入分析社会现实的基础上，运用人类的抽象思维能力，剥离那些外在的、偶然的、非本质的联系，才能探寻到事物内在的、必然的、本质的联系，才能更加有效地认识和改造客观世界。

一、产权制度：防盗门背后的经济学抽象

某年6月底的一天，一位即将毕业的学生到我家聊天。我一开门，这位学生说了一句话："老师，我一看防盗门，就看出来贫富差距。"我说："你说了一句实话，描述了一个事实，看来今晚有话题聊了。"我对学生的聊天要求是真实，话语必须是真实的表达，否则聊天就没有意义。

学生看到了什么？我那栋楼每单元每一层住两户，我家和邻居家对门。邻居家的防盗门是豪华型的，很漂亮；而我家的防盗门是极其简陋型的，由钢筋铁栏杆组成。的确，学生说了实话，一看防盗门就看出了我和邻居家的贫富差距。学生说实话，我很高兴。更高兴的是，我要求学生一定要多观察现实世界，力图发现背后的经济学逻辑，这学生做到了。

君子之交淡如水，一杯清茶请落座。我说："谈谈吧，读了四年大学的感受，说实话。"学生说："说实话，这四年，啥都没学到。"我说："谢谢你，对我说了实话，这可能不仅是你一个人的感受，可能是很多同学的感受。这句话也许换一个说法更准确：四年学了很多课程，但觉得没有什么用。"学生说："嗯，对对。您的说法更准确。"

我说："为什么会有这种感受呢？可能是你们学的知识，还没在工作中用到，你们有判断滞后性。只有当知识运用于实践的时候，才知道有没有用。比如说，我们经济学有用吗？"学生说："老师，您举个例子。"我作为一名经济学老师，使命是经济学布道，要把经济学原理和经济学逻辑讲清楚才行。因此，我喜欢通过举例子或讲故事来讲经济学原理。学生也

很喜欢这一方式。

我说："比如，你刚刚说的那句话：一眼就看出了贫富差距。这是事实。老师我刚刚参加工作，收入不高，比较穷。对门邻居家，比我家富多了。但你除了看出贫富差距，还看出了什么？仔细想一想，有没有新发现？"学生说："老师，您是什么意思？能不能提示一下？"看待问题，角度和切入点很重要，切入点找准了，问题往往就迎刃而解了。如此看来，这位学生深得真传，首先想到切入点问题，他在寻找切入点。

我说："古人有句话讲得很好：有恒产者有恒心①。对应的是：无恒产者无恒心。能不能深入分析一下防盗门。"学生说："老师，我还没找到门道，您还是帮我分析分析吧。"这不怪学生，因为他不了解一些背景。

我说："我常说一句话：命苦不能怨政府。老师我就是命苦之人。广州市福利分房，1999 年底就结束了。我 2000 年 7 月初到大学报到开始工作。只差半年时间，就没有享受到传统福利体制的优越性②。我现在住的是周转房，学校把房子租给我，租金不高。学校对房子有所有权，我只有暂时的使用权。我的邻居家则享受到传统福利体制的优越性——福利分房，房子的所有权是他们家的，使用权当然也是他们家的。"

学生说："您的意思是产权问题产生了防盗门的差异。我知道了，您不是装不起好一些的防盗门，您可能是不愿意装好一些的防盗门，是吧？"学生真是聪明！

我继续说："装防盗门，可以看做一个经济决策。经济决策，就要进行成本收益分析。装防盗门的收益是什么？成本是什么？收益就是心理安全感。防盗门能不能防盗，在于有没有碰到开锁高手，如果真碰到，几分钟就打开了。之所以讲是心理安全感，是因为当我不在家时，如果家中没有装防盗门，心中会惴惴不安。如果装了，那心里就感觉安全了，毕竟还

---

① 《孟子·滕文公上》："民之为道也，有恒产者有恒心，无恒产者无恒心，苟无恒心，放辟邪侈，无不为已。"
② 1998 年 7 月，国务院发布《关于进一步深化城镇住房制度改革加快住房建设的通知》，宣布从同年下半年开始全面停止住房实物分配，实行住房分配货币化。

有一道防盗门。"

学生说："收益就知道了，那成本呢？"我继续说："装防盗门，在收益既定的情况之下，花钱多少，就要看什么呢？'有恒产者有恒心'就发挥作用了。产权就起作用了，合约就起作用了。我租的学校的房子，谋求成本最小化，故装了一个最简陋的防盗门。邻居家对房子有所有权，防盗门一定还有其他效用，就装了一个豪华的防盗门。"

学生豁然开朗地讲："产权差异，决定防盗门差异。"我反问："经济学有没有用？"学生回答："有用，有用。用经济学逻辑确实可以分析身边的很多事。所谓透过现象看本质，就是这个意思吧。"我说："四年所学，有没有用？"学生回答："有用。经济学太有力量了！"

闲聊若干杂题后，学生满载而归，我心释然，这样的经济学的心灵对话很好。人世间，很多事情，无法言说。就在学生毕业后的暑假，邻居家被盗了，小偷破防盗门而入。我家无恙。为什么会这样？我想，可能是防盗门的信号显示发挥了作用。当来到这一楼层，小偷一定也要选择，时间有限，偷哪一家呢？小偷也通过防盗门，一眼看出了贫富差距，做出了行动选择。

二、谁把太平洋变成了小池塘：全球化的经济力量

浩瀚的太平洋，无边无际。不知道古人想要跨过太平洋，需要付出多少努力。即使在现在，跨过太平洋需要在飞机里待上 10 多个小时，也不是一件轻松的事情。但在一些人眼中，太平洋就是一个小池塘。故事要从很久以前说起。

1929 年，世界经济大萧条，有点突然，有些出乎意料。这更出乎 1929 年 3 月 4 日刚刚上任美国总统的胡佛先生的意料。胡佛先生的竞选口号是："每个锅里都有鸡，每个车库都有车。"这是承诺要让美国人民人人都过上美好生活。胡佛也曾骄傲地宣称："感谢上帝的帮助，贫穷从这个国家绝迹指日可待。"此时的美国，工业居世界第一已经近 30 年了。没想

到，刚上任半年，大萧条就骤然而至，胡佛先生成了萧条的"接盘侠"。经济寒冬时代，冷风凛冽，企业为了生存，实行降价策略，从而导致恶性竞争，通货紧缩。企业也是没有办法，你不降价而别人降价，立刻倒闭；一起降价，过一段时间，可能一起倒闭，也可能有一些企业能存活。价格战，恶性竞争，政府就想着要管一管。为了限制恶性竞争，政府这只"看得见的手"就出台了关于公平交易的法律，其中有一条：制造商为自己的产品设定最低零售价。这是典型的政府限价①。

1936 年，最高法院支持公平贸易法，力图保护制造商。这样一来，零售商就不能廉价出售商品了。在法律面前，零售商想和制造商砍砍价，但议价能力弱了。零售商是要真真切切地接受消费者的货币选票选择的。价格高了，消费者就用脚投票了。消费者不买账，零售商怎么活呀？零售商就开始自己想办法。既然法律有所规定了，那就在法律之外想办法，即创设自有品牌，自己生产产品。零售商说干就干。

但制造和零售毕竟是两回事，想自己生产也不是一件容易的事。零售商也知道，分工出效率。怎么办呢？零售商想一想，用自己的品牌，让别人生产。这些天才的零售商，就这样创造了贴牌生产②。但是到哪儿去找愿意生产产品的人呢？在国内囿于公平贸易法的限制，那就到国外去找吧。

因为"二战"之后的冷战关系，那些社会主义国家就不考虑了。看看大西洋对岸，西欧这些国家工业体系相对成熟，产品有一定竞争力。贴牌

---

① 政府限价，分为两种：一是最高限价（Price Ceiling），政府规定某种产品或服务的价格不得超过某个水平，如规定某种医疗服务的价格不得超过 80 元。二是最低限价（Price Floor），政府规定某种商品或服务的价格不得低于某个水平，比如某些农产品价格放开后，供过于求，价格下跌，为保护农民利益，稳定农业生产，国家规定必须执行最低收购价即最低保护价。在最低限价以上最高限价以内，企业有权自行定价。

② 贴牌生产，源自 OEM（Original Equipment Manufacturer），是指拥有优势品牌的企业为了降低成本，缩短运距，抢占市场，委托其他企业进行加工生产，并向这些生产企业提供产品的设计参数和技术设备支持，来满足对产品质量、规格和型号等方面的要求，生产出的产品贴上委托方的商标出售的一种生产经营模式。品牌与生产的分离可使生产者更专注于生产，品牌持有者则从烦琐的生产事务中解脱出来，而专注于技术、服务与品牌推广。

生产这种活，显得有些低层次，西欧制造商不一定愿意接。看看太平洋对岸，离美国最近的日本有一定工业基础，但生产的消费品没什么竞争力。"二战"之后的日本，要重建，要挣钱，正在发愁如何开拓世界市场呢。美国可是世界上最大的市场、最大的金主。美国零售商，无论直接，还是间接，主动找到了日本制造商。尽管美方在价格和质量控制方面的条件很苛刻，利润很薄，但只要有钱赚，日本制造商还是极其乐意的。美国零售商自有品牌产品的合同，为日本制造商提供了进入世界最大市场的入场券。就这样，美国的大零售商，跨过太平洋，把一张张订单送到了日本。一些原料、设备，还有生产技术，也就来到了日本。

因此，1959年芭比娃娃在美国刚刚问世，很快就落户到日本生产。当时，发达国家的孩子们都知道，芭比娃娃的臀部印的是"日本制造"。日本人赚了钱，了解了市场，掌握了生产技术，实力一天天壮大。慢慢地，日本的产业工人工资高了，美国那些订单越来越不赚钱了。日本人想，我自己生产能力强了，那就生产自己的产品吧。

美国人没有想到，自己的订单把日本养大了，成了竞争对手了。慢慢地，美国的那些订单，日本接得少了，那就转移到韩国、中国台湾、东南亚地区。20世纪80年代以后，芭比娃娃的臀部印的可能是"菲律宾制造"或"印度尼西亚制造"。美国的订单，如同秋叶，哪里有成本较低之风，就落到哪里。在美国零售商眼里，太平洋算什么，就是一个小池塘。只要池塘对岸有利可图，那就跨过去。

1979年，邓小平访问美国，中美的"蜜月期"开始了。美国零售商突然发现，中国那么多劳动力，即人口红利，工资低。于是，20世纪90年代以后，芭比娃娃的臀部印的是"中国制造"。此时，如果你有"日本制造"字样的芭比娃娃，那一定要收藏好，它已经成为千金难觅的古董了。

美国人卖东西，中国人造东西，两国人民跨越太平洋握手了。美国的大市场带动中国的工业化巨轮驰骋飞奔。2001年，中国加入了世界贸易组织（WTO）。世界市场带动着中国巨轮以更快的速度飞奔着。中国的生产能力慢慢地壮大起来了，不仅仅生产芭比娃娃，如今苹果智能手机也主要由中国生产。

2010 年，中国的制造业超过美国，结束了后者 110 年制造业世界第一的光荣历史。美国人感觉到不舒服了。2017 年，企业家出身的特朗普当上了美国总统。对财务数据比较敏感的特朗普，觉得中国人挣美国人的钱太多了，就打起了贸易战。特朗普想把已经浓缩为小池塘的东西，变回浩瀚的太平洋。其实，我们不要忘记，是企业家把太平洋变成了小池塘。只要有利可图，一叶扁舟，奋力划桨，也能抵达对岸。在企业家眼里，太平洋就是小池塘而已。

企业家是一群充满创新精神和资本冲动的人。得企业家者，得天下。任何一个国家的领导人，想把已经浓缩为小池塘的东西，变回浩瀚的太平洋，那是有点难度的。或者说，逐利的冲动，把大海变成了池塘。1492 年，哥伦布有点偶然地把大西洋变成了小池塘。这个将世界经济搞得翻天覆地的人，并非特别爱航行，而是想到彼岸发财致富。资助哥伦布航行的伊莎贝尔女王，也是想黄金白银多多益善。在企业家眼中，一切大海都可以变成小池塘，只要对岸有足够的吸引力。

第四节　过去与未来：趋势的力量

一、回望过去

你能看到多远的过去，就能看到多远的未来！关键问题是，如何看待过去？

小时候（20 世纪 70 年代），在农村的寒夜里，听说书人敲大鼓说评书，算是我历史知识的启蒙。在那个没有电视的时代，在农闲季节听评书，算是人们最大的娱乐了。农闲季节，村民的时间机会成本接近于零，说书人利用自己的才华（口才和记忆力），为村民带来娱乐。白天，说书人背着口袋，挨家挨户去收一些粮食，如玉米、红薯片，算是收入，也算是说书人才华的折现。村民愿意给多少，纯属自便。当时，村里很多人家是没有现金的。我对说书人的口才是极其佩服的，其把《隋唐演义》《岳飞传》《三国演义》《水浒传》说得神乎其神，很有感染力。孩子们对武功、打仗都是很感兴趣的，经常争论"李元霸和宇文成都谁更厉害"①。这时候，打仗就是历史。

中学时（20世纪80年代），我学习了中国历史、世界历史，开始正式接触历史。老师要求我们要记住，某年某月某日，在何地发生了什么大事件，涉及哪些人。比如，1839年，林则徐虎门销烟；1840年，英国发动鸦片战争，中方失败并割地赔款，签订近代中国第一个不平等条约《南京条约》；1856—1860年，发生第二次鸦片战争，中方被迫签订《天津条约》《北京条约》。老师讲完，总结一句话：鸦片战争，为中华民族带来深重的灾难。老师按照时间顺序，列了一张表，强调要记住这张表，考试是要考的。老师很细心，为了方便学生记忆，特地总结4W：何时（When），何地（Where），何人（Who），何事（What）。史料如此之细，掌握全靠记忆。这时候，感觉历史就没有《岳飞传》那么有意思了。有时候会张冠李戴，"关公大战秦琼"②的事情常常发生。这时候，事件就是历史。

在读博士期间（20世纪90年代），有一次，我听了史学大家的讲座，其强调要跳出历史看历史，跳出碎片化史料看趋势，要长时段系统化看事件。比如，1840年鸦片战争，从纯学术的角度讲，一是为中华民

---

① 李元霸和宇文成都，是《隋唐演义》中的两位武功高手。

② 关公大战秦琼，是相声大师张杰尧编演的相声，后侯宝林先生将其改编并搬上电视，为世人熟知。关公是三国时期蜀国大将关羽，秦琼是隋末唐初的大将，两人相隔几百年。

族带来深重灾难；二是通过外部冲击，打破了中国传统王朝政治的死循环，开启了新的历史进程。听众一片惊叹！这一观点，太令人惊讶了！这与之前接受的历史教育完全不同。史学大家纵论古今中外，分析了各国现代化进程的起起伏伏，讲了黄宗羲周期律。令人扼腕又令人叹服！惊诧引起思考，原来，历史是这样的，可以这样思考！这时候，思考就是历史。

在人类历史长河中，1978 年以后的中国是一个大事件。这个大事件的背后，就是市场的生根发芽和开花结果。市场发育的过程，就是行随心动的过程。比如，消费者的心理路程，可从收入、支出、风险、预期等方面综合考量，因时而变。传统体制下，充满确定性的低收入、低消费、全包的单位福利体制，几乎没有什么风险，这是绝对收入说。20 世纪 80 年代，充满确定性的收入增长，不断加强的福利体制，消费扩张升级的示范行为，害怕"钱不值钱"，这是相对收入说。20 世纪 90 年代以后，收入充满不确定性，单位福利体制逐渐解体，消费支出刚性增长，就怕未来"没有钱"，跨时配置资源，这是生命周期说。消费者对价格、利率等市场变量更加敏感了，市场经济也就有了微观基础。否则，学习宏观经济学的人都知道的 IS – LM 模型①，其基础就不存在了。

消费者面对如何挣钱、如何花钱的问题，是极其理性的。比如国有企业，20 世纪 80 年代放权让利，这一分配领域的改革，带来了激情燃烧的岁月，单位福利体制的加强却忽视了生产性努力和技术投入。20 世纪 90 年代，"产权明晰"盘活了资产，盘出了福利制度的裂缝，更盘出了职工

① IS – LM 模型，是由英国经济学家约翰·希克斯（John Richard Hicks）和美国凯恩斯学派的创始人阿尔文·汉森（Alvin Hansen）在凯恩斯宏观经济理论基础上概括出的一个经济分析模式。IS – LM 模型是描述产品市场和货币市场之间相互联系的理论结构。在产品市场上，国民收入决定于消费 C、投资 I、政府支出 G 和净出口 $X-M$ 加合起来的总支出或者说总需求水平，而总需求尤其是投资需求要受到利率 r 影响，利率则由货币市场供求情况决定，货币市场会影响产品市场；同时，产品市场上所决定的国民收入又会影响货币需求，从而影响利率，这是产品市场对货币市场的影响。产品市场和货币市场是相互联系、相互作用的，而收入和利率也只有在这种相互联系、相互作用中才能决定。

对未来不确定性的恐惧。消费者行随心动，从炫耀性消费自然而然地演进到生命周期的消费。消费者与生产者悄然互动，就靠那只"看不见的手"（市场），还有那只"看得见的手"（政府）。

专栏　消费行为模式

1936 年，英国经济学家约翰·梅纳德·凯恩斯出版了《就业、利息和货币通论》（简称《通论》），考察了消费和收入之间的关系。其认为居民消费主要由当前可支配收入决定，随着收入的增加，消费也将增加，但是消费增长量要小于收入增长量，消费增长量占收入增长量的比重为边际消费倾向，即边际消费倾向是递减的。边挣边花，现挣现花，有点"月光族"的味道。此即绝对收入说。

1949 年，美国经济学家杜森贝利在《收入、储蓄和消费者行为理论》中提出，消费者过去的消费习惯以及周围的消费水准将会影响消费者当前的消费，消费取决于相对收入水平。这样，消费就具有两种效应：一是棘轮效应（Ratchet Effect），即消费者的消费水平容易随着收入的增加而提高，但是随着收入水平的降低，消费水平却不容易下降，这就是我们常说的"由俭入奢易，由奢入俭难"；二是示范效应（Demonstration Effect），即消费者自身的消费水平受到所处环境中周围人消费水平的影响，即消费具有模仿和攀比性。此即相对收入假说。

1954 年，美国经济学家莫迪里安尼等人认为，理性的消费者会保持各个时期消费的平稳，实现效用最大化，会理性地根据一生收入水平来规划消费开支，使消费在整个生命周期内得到最佳配置，以达到整个生命周期的最大满足。从摇篮到坟墓的事都要考虑，个人和家庭都是如此。此即生命周期说。

二、理性未来

人心思变，在不知不觉之间。用心感受市场的灵动，行随心动，市场就是心动。生产力和生产关系、经济基础和上层建筑，这两对关系的微观基础就是行随心动。

对于今天，昨天已是历史；对于明天，今天也将成为历史。今天是你最年轻的时刻，最需要看过去、洞今朝、展未来。种瓜得瓜，种豆得豆。你明天的收入流，一定是今天进行各种才华投资的折现。这时候，未来就是历史。你能看到多远、多深的过去，就能看到多远、多深的未来！

对于这一点，叱咤风云的投资人，比如学历史出身的罗杰斯[①]、学哲学出身的索罗斯[②]，都有着深刻的体会，更有着具体的实践，他们从历史演进的逻辑中发现了大趋势，并顺势而为，赚得了巨量财富。罗杰斯说："资本的流向在历史上并非无迹可寻"[③]，"帮助我投资成功的秘诀就是学习历史……认清现状的唯一方法就是学习历史"[④]。

1997 年 7 月 2 日，泰国发生了一件事情，在当时并没有引起太多的注意，即泰国中央银行宣布，放弃泰铢和美元的盯住汇率制。此前，泰铢与美元长期稳定在 1 美元兑 25 泰铢的水平。之后，泰铢就迅速贬值了。这件事情，在此后几年，确确实实影响了中国人民的钱袋子。后来，大家都知

---

① 吉姆·罗杰斯，1942 年 10 月 19 日出生于美国马里兰州巴尔的摩，被誉为最富远见的国际投资家，是美国证券界最成功的实践家之一。1964 年毕业于耶鲁大学历史系，获学士学位。1966 年获牛津大学哲学、政治和经济学的学士学位。1973 年与索罗斯共同创建索罗斯基金管理公司，后更名为量子基金。1980 年后开始自己的投资事业。

② 乔治·索罗斯（George Soros），1930 年 8 月 12 日生于匈牙利布达佩斯，货币投机家、股票投资者。1944 年，随着纳粹对布达佩斯的侵略，索罗斯随全家开始了逃亡生涯。1947 年随家人移民至英国。1949 年考入伦敦经济学院，1952 年获哲学学士学位。1956 年迁居美国。1973 年与助手罗杰斯共同创建索罗斯基金管理公司。1979 年成立首个基金会——开放社会基金。1979 年将公司更名为量子基金。1992 年打赌英镑贬值，获利 10 亿美元。1997 年狙击泰铢及港元，引发亚洲金融风暴。2012 年做空日元赚 10 亿美元。2015 年 1 月 22 日宣布终极退休。

③ 吉姆·罗杰斯. 资金流向［M］. 北京：现代出版社，2020：前言 2.

④ 吉姆·罗杰斯. 资金流向［M］. 北京：现代出版社，2020：5.

道这要从一个叫索罗斯的人谈起。索罗斯（国际投机界的大鳄）提前囤积
了天量的泰铢，然后在外汇市场上狂抛泰铢。为什么这么做？为了赚钱。
怎么赚钱？靠外汇合约套利。比如，索罗斯和别人签订合约，1个月后按
照1美元兑25泰铢的汇率进行交割。然后，索罗斯狂抛泰铢，如果中央银
行不管不问，到交割日时，泰铢贬值到1美元兑30泰铢。索罗斯就用1美
元在市场上买回30泰铢，然后用25泰铢进行合约交割，买回1美元，这
样就能1美元净挣5泰铢。反之亦可，索罗斯用25泰铢和交易对手交割买
回1美元，然后再用1美元到市场上买回30泰铢，这样，每25泰铢就净
挣5泰铢。

　　索罗斯这样玩，狂抛泰铢，泰国的中央银行当然不干了，让人玩弄于
股掌之间的感觉可不好受！索罗斯抛出25泰铢，央行就用1美元买回来；
索罗斯抛出25亿泰铢，央行就用1亿美元买回来。这样，汇率就稳定在
1：25的水平。索罗斯和泰国央行，就这样打起来了。若干回合下来，央
行发现，没有美元储备了，没有炮弹；索罗斯还有多少炮弹，不得而知。
打仗没有炮弹，那就只能投降了，央行就宣布放弃泰铢和美元的盯住汇
率制。

　　结果，泰铢贬值就一泻千里了。索罗斯赚了很多很多。泰国出事了，
很多外资就抽逃了，更加剧了泰铢的贬值。旁边马来西亚的外资，也感觉
情况可能不妙，也开始抽逃，马来西亚的货币贬值了。时任马来西亚总理
的马哈蒂尔在国际会议上大骂索罗斯，因为马来西亚的GDP一下子倒退了
10年，回到了1987年的水平。印度尼西亚的货币也贬值了，甚至许多东
亚国家和地区的货币也贬值了。亚洲金融危机就这样发生了。

　　索罗斯在泰国玩了之后，调转枪头，开始攻击中国香港市场。当时，
港币汇率一直稳定在1美元兑7.8港元。索罗斯在外汇市场上狂抛港币，
听说目标是1：8.0甚至是1：8.3。为了维持1美元兑7.8港元的汇率，香
港特区政府决定入市干预，用美元买港币。问题是，香港特区政府有充足
的炮弹吗？有充足的美元储备吗？当时的中央领导人朱镕基说了：索罗

斯，你来吧，我中央政府有 1 350 亿美元的外汇储备，全力支持香港特区政府。

索罗斯没有能力接这么大的单子，没有撼动港元汇率。但这一次，索罗斯来了一次声东击西，做了一个资产组合。索罗斯在股市上做了一个看跌的股指期货合约。香港恒生指数下跌越厉害，他就赚得越多；反之，恒生指数上涨越厉害，他就亏得越多。索罗斯在外汇市场上风声鹤唳狂抛港币时，香港股市哀鸿遍野。但香港特区政府同时在股市、汇市、期市入市干预，香港成了索罗斯的伤心地。其实，索罗斯是在赌，赌香港特区政府不会入市干预。这一次，他赌错了。

三、经济资源的历史力量

资源稀缺性是经济学的第一要义。人类的很多行为，都源于稀缺资源的争夺。只有仔细琢磨并看透资源的"当下"，才能把握经济走势的"未来"。

比如，2021 年，南非大乱，昔日"金砖国家"的风采不再，"彩虹之国"乌云密布。所谓大乱，就是一群人对某个问题的意见不一致，对着干，打起来了，打着打着，整个社会就不可收拾了。南非这次有争议的问题，就是被捕的前总统祖马到底有没有腐败？支持祖马的人与反对祖马的人打了起来，打着打着，变成了全社会的打砸抢了。

祖马在 2018 年就被迫下台了，但祖马腐败案为什么到 2021 年才引起南非的骚乱呢？为什么不是在 2019 年或者 2020 年发生骚乱呢？其间的原因千万个，但有个宏观大因素不容忽视。2020 年新冠肺炎疫情暴发后，全世界的中央银行释放了天量的货币之水。

当经济形势不好的时候，天量的货币之水汹涌而来，一定会追逐商品价格，既能避险，又能获利。首当其冲的是金属类商品。2020 年下半年至 2021 年上半年，全球金属类大宗商品期货市场一路逛飙，现货市场一时亦风光无量。

南非是金属类矿产资源很丰富的国家，其稀有金属含量全球领先，尤其是铂族金属①。成也资源，败也资源。金属类商品价格狂飙，谁能获得巨额收益，就是斗争的焦点了。祖马腐败案的背后，实际上是利益之争。当巨大的利益出现时，巨大的斗争就出现了，祖马腐败案成了斗争的导火索。

在冷战期间，东西方国家（地区）的稀有金属交易比较困难。西方各国的稀有金属进口主要依靠南非，南非的国际地位因稀有金属而提高。南非实行种族隔离制度，合法对黑人进行区别对待和打压，与西方发达国家的价值观完全不同，或者说为后者所不能容忍。但世界各国为什么不批判南非的种族隔离制度而是保持缄默呢？因为南非有西方国家需要的稀有金属，西方国家要依靠这些资源才能实现发展。1989 年以后，冷战结束。西方各国可以从俄罗斯等国家进口稀有金属，南非的国际地位下降了。西方国家开始批评南非的种族隔离制度，并开始对南非进行经济制裁。1991年，南非正式废除种族隔离制度。

比如，美国为什么没有制止或干预卢旺达的种族大屠杀（Rwandan Genocide）呢？卢旺达种族大屠杀，发生于 1994 年 4 月 6 日至 6 月中旬，是胡图族对图西族及胡图族温和派有组织的种族灭绝大屠杀，共造成 80 万～100 万人死亡，死亡人数占当时卢旺达总人口 1/9 以上。大屠杀得到了卢旺达政府、军队、官员和大量当地媒体的支持，是人类现代史上最惨烈的种族灭绝罪行。大屠杀发生在美国克林顿总统当政时期，他当时支持组建国际法庭对直接责任人进行审判。但在屠杀发生时，美国没有率领西方国家进行干预，以不作为的态度应对此事，因为卢旺达不产石油。曾有国际组织警告卢旺达的军人统治者，如果不制止屠杀，美国会派军队来。军人统治者说：卢旺达没有石油，没有钻石，美国会来吗？不幸的是，他真的说对了。美国什么时候付诸行动，要看是否符合自身利益。

---

① 铂族金属包括铂、钯、锇、铱、钌、铑。

因此，过去、现在、未来，经济变量之间的逻辑关系，贯穿其中，动态永恒。

★重要概念

1. 激励相容　　2. 科学抽象法　　3. 市场机制　　4. 国家治理

★讨论与思考

1. 结合历史上或现实中的某个事件或现象，讨论一下其背后的经济学逻辑。比如，"购""货""贡""贷""资""财"等字，为什么会有一个偏旁部首"贝"？"钱"的英文为什么是"money"？做生意的人，为什么叫"商人"？

2. 结合曼昆《经济学原理》中的十大原理，分析某个事件或现象。

3. 人们常说，"条条大路通罗马"。请查证，为什么会有这句话？其背后有着什么需要解决的经济问题？

4. 《吕氏春秋·慎势篇》：今一兔走，百人逐之，非一兔足为百人分也，由分未定也。分未定，尧且屈力，而况众人乎！积兔在市，行者不顾。非不欲兔也，分已定矣。分已定，人虽鄙不争。故治天下及国在乎定分而已矣。

请结合上述内容与本章的防盗门案例，谈谈对产权功能的理解。

5. 唐朝张说《钱本草》：钱，味甘，大热，有毒。偏能驻颜，采泽流润，善疗饥，解困厄之患立验。能利邦国，污贤达，畏清廉。贪者服之，以均平为良；如不均平，则冷热相激，令人霍乱。其药采无时，采之非理则伤神。此既流行，能召神灵，通鬼气。如积而不散，则有水火盗贼之灾生；如散而不积，则有饥寒困厄之患至。一积一散谓之道，不以为珍谓之德，取与合宜谓之义，无求非分谓之礼，博施济众谓之仁，出不失期谓之信，入不妨己谓之智。以此七术精炼，方可久而服之，令人长寿。若服之非理，则弱志伤神，切须忌之。

请结合上述内容和货币理论，谈谈对钱的功能的理解。

★延伸阅读

1. 关于科学抽象法，请阅读马克思《资本论》第 1 卷的序言，或《马克思恩格斯全集》第 23 卷（人民出版社，1972）。

2. 关于市场决定分工范围、"看不见的手"原理，请阅读亚当·斯密《国民财富的性质和原因的研究》（商务印书馆，1997）的第一章至第四章。

第二章

人地关系：马尔萨斯陷阱与传统经济

本章导读

传统经济的核心是，人地关系抑或人与自然的关系。人多地少，还是地少人多？这一相对稀缺性的变化，直接影响着经济发展。无论是清朝的洪亮吉的《治平篇》，还是马尔萨斯的《人口原理》蕴含的马尔萨斯陷阱，抑或马寅初的《新人口论》，以及科林·克拉克的《地球不会挨饿——养活世界人口》，都聚焦这一问题。

人口理论的实质是人和土地（及其所提供的生产资料和生活资料）的关系。美国奉行的"大田广种"，中国传统的"精耕细作"，都是农业的制度化安排。回望历史，随着产业发展演进，土地用途不断变迁，土地与房子的所有权、农田所有权都是复杂而有序的图景。

传统经济中，人口数量能够反映一个国家（地区）的实力和富裕水平，更反映其生产能力。17世纪，国民收入核算的奠基人威廉·配第[①]说过一句名言："劳动是财富之父，土地是财富之母。"1691年，配第核算得出，英国国民每年总收入为4000万英镑，其中，土地收入为1500万英镑，劳动收入为2500万英镑[②]。该文测度的劳动力的经济价值，成为劳动价值论的源泉，后来成为亚当·斯密、大卫·李嘉图和马克思的理论思想支柱。传统经济的核心是人地关系抑或人与自然的关系——是人多地少，还是地少人多？这一相对稀缺性的变化，直接关系到不同时期、不同地区、不同产业的成长与发展。

第一节　人口理论与马尔萨斯陷阱

不同时期有着不同的代表性人口理论，反映了特定的时代背景。人口理论的核心是人地关系，是不同时期、不同地区、不同阶段人地关系的相对稀缺性的反映。

一、洪亮吉：《治平篇》

明朝中叶之后，中国人口增长较快。1391年（明洪武二十四年）中国人口约7160万人，1651—1661年（清顺治八年至十八年）人口为1亿人左右，1678年（康熙十七年）人口约1.6亿人，1785—1791年人口猛增至3亿人。同一时期，耕地面积虽然有所扩大，但远远低于人口的增

---

① 威廉·配第（William Petty，1623—1687），英国古典政治经济学之父，统计学创始人。著有《赋税论》《献给英明人士》《政治算术》《爱尔兰的政治剖析》《货币略论》等。

② 菲利普·勒佩尼斯. GDP简史：论GDP对世界政治经济格局的影响［M］. 北京：中国人民大学出版社，2018：18.

长，呈现出人多地少的紧张局面。

中国的传统观念是多子多福，养儿防老。清朝洪亮吉①关注人口增长过速问题，反对多子多福的观念，被称为近代人口学说之先驱。他在《治平篇》中指出，人口过多增长，会产生土地、房屋的不足。"然言其户口，则视三十年以前增五倍焉，视六十年以前增十倍焉，视百年、百数十年以前不啻增二十倍焉"，而田地、房屋"亦不过增一倍而止矣，或增三倍、五倍而止矣"，意思是：现在的人口，比三十年前增加了五倍，六十年内增加了十倍，那么，百年后，人口岂不是增加二十倍。这么多人，地却未变，人地矛盾突出，除了土地，还有很多其他社会资源也会变得十分紧缺。

结果是，使得"田与屋之数常处其不足，而户与口之数常处其有余"，"为农者十倍于前而田不加增，为商贾者十倍于前而货不加增"，"终岁勤动，毕生皇皇而自好者居然有沟壑之忧"。这导致"攘夺之患"，会影响社会秩序的安定。同时，土地兼并更加剧了对社会发展的危害，"况有兼并之家，一人据百人之屋，一户占百户之田，何怪乎遭风雨、霜露、冰寒、颠踣而死者之比比乎"。

洪亮吉敏锐地看到了人口呈指数型增长的态势，这一态势将威胁到长期以来中国经济自我维持增长的局面，或者说，长此以往，连社会简单的再生产也难以维持，更遑论社会扩大再生产。这一系统的人口论，不久之后，与远在万里之外的马尔萨斯形成了跨越时空的呼应。此时，人口似乎是一个全球性问题。

二、马尔萨斯：《人口原理》

在中国明清时期人口快速增长的同时，欧洲人口也在快速增长，尤其

---

① 洪亮吉（1746—1809），江苏阳湖（常州）人，清代经学家、文学家。

是第一次工业革命后。英国经济学家托马斯·马尔萨斯①在其代表作《人口原理》和《政治经济学原理》中提出关于人口增加与食物增加速度相对比的人口理论：人类必须控制人口的增长，否则贫穷是人类不可改变的命运。其1798年出版的《人口原理》描绘了英国人口膨胀的可怕前景，提出两个级数理论：人口增长是按照几何级数增长的，而生存资料仅仅是按照算术级数增长的，多增加的人口总是要以某种方式被消灭掉，人口不能超出相应的农业发展水平。后人依据这一结论提炼出马尔萨斯陷阱，其核心是人地关系。

许多经济学家认为，高死亡率的各种因素，是人口再生产与农业时代生存资料实现匹配的关键过程。马尔萨斯认为，战争、饥荒和瘟疫都是促使人口下降到与生存资料生产水平相适应的道路，人口数量要在某种方式和程度上与农业发展成比例的观点是一个内含的逻辑。此后200年间，英国通过开拓殖民地、推进工业与技术革命以及开展对外贸易，安全绕过了马尔萨斯陷阱。

与马尔萨斯陷阱相关的是"工资铁律"。工资铁律是指，实物工资长期倾向于接近仅可维持工人生活所需的最低工资额，也被称为工资最低生存说。工资铁律是由19世纪德国工人运动活动家斐迪南·拉萨尔命名的，理论文献记载最早见于英国经济学家托马斯·马尔萨斯的《人口原理》和李嘉图的《政治经济学及赋税原理》。其核心是，人口数量的增加发生于整体劳动者工资高于生存工资额之上，并且工资下跌时人口就停止增加，甚至减少。这是劳动市场的长期均衡，在最低的生存工资额的情况下，劳动供给等于劳动需求。这种市场的作用力创造了一个动态收敛使生存工资额和固定人口互相均衡。

正是由于马尔萨斯陷阱和工资铁律所描述的是令人沉闷的图景，经济学被称为"沉闷的科学"。这反映出人多地少这一紧张关系依然严峻，这

---

① 托马斯·罗伯特·马尔萨斯（Thomas Robert Malthus，1766—1834），英国经济学家、牧师和教授。

是传统社会的特征事实，尽管当时第一次工业革命已经发生，但仍处在传统社会向现代社会迈进的前夜。

马尔萨斯陷阱，可以说是人类社会 1800 年以前的生活写照。在世界经济史上，有三个息息相关的问题：为什么马尔萨斯陷阱会持续如此长的时间？为什么对马尔萨斯陷阱的首次突破会发生在 1800 年的英国？为什么会出现之后的大分流现象？[①]

三、马寅初：《新人口论》

1953 年，中国进行了第一次人口普查。截至 1953 年 6 月 30 日，中国人口总计 601 938 035 人，估计每年要增加 1 200 万人到 1 300 万人，增长率为 20‰。这引起了当时著名经济学家、北京大学校长马寅初[②]教授的注意。

他经过 3 年调查研究发现，中国人口每年增长 22‰以上，有些地方甚至达到 30‰。如此发展下去，50 年后，中国将有 26 亿人口，由于人多地少，恐怕连吃饭都成问题。他多次发表文章和在会议发言中指出该问题的严重性。1957 年 2 月，马寅初再次就"控制人口"问题发表主张："我们的社会主义是计划经济，如果不把人口列入计划之内，不能控制人口，不能实行计划生育，那就不成其为计划经济。"

马寅初看到了一个重工业优先发展战略[③]的事实：重工业优先发展，

---

① 格里高利·克拉克. 应该读点经济史：一部世界经济简史［M］. 北京：中信出版社，2009：3.

② 马寅初（1882—1982），浙江嵊州人，中国当代经济学家、教育学家、人口学家。1957 年因发表"新人口论"方面的学说而被打成右派，在党的十一届三中全会后得以平反。被称为"中国人口学第一人"。

③ 苏联的重工业优先发展战略取得了极大的成功。从 1928 年到 1940 年 12 年间，苏联工业增长 35.5 倍，其中重工业增长 9 倍，工业产值占工农业产值的 70%以上。仅仅用了 10 多年的时间，苏联就走完了西方发达国家上百年的路程，经济实力跃居欧洲首位，成为仅次于美国的第二大工业国。苏联自然成为中国学习的榜样。中国需要跨越式发展，既有国际成功经验为榜样，又有内部工业积弱亟待发展的急迫需要。为尽快建立独立的工业体系，党中央选择重工业优先发展战略。1954 年《政府工作报告》明确指出，"第一个五年计划的方针是大家已经知道的，这就是集中主要力量发展重工业，建立国家工业化和国防现代化的基础"。

是一个系统工程，需要整个产业链条的垂直一体化。重工业企业是一个大型组织，相应的主要原材料和外汇来源地的农村，也需要组织有序，成为一个大型组织。人口也是如此。

马寅初在《新人口论》[①]中系统论述了中国人口问题，提出"我国人口增长过快"的命题，并分别从加速积累资金、提高科学技术、提高劳动生产率和人民的物质文化水平以及增加工业原料等方面，对控制人口的必要性、迫切性进行了论述。第一，人口增长与资金积累的矛盾。中国人口多、消费大、积累少，只有把人口控制起来，使消费比例降低，才能多积累资金。第二，搞社会主义建设，就必须提高劳动生产率，多搞大工业，搞农业电气化、机械化，然而，为安排好多人就业，就不得不搞中小型工业，农业搞低效率劳动，实际上是拖住了高速度工业化的后腿。第三，和工业原料的矛盾。大办轻工业可以有效地积累资金，但是轻工业原料大多数来自农业。由于人口多、粮食紧张，就腾不出多少地种诸如棉花、蚕桑、大豆、花生等经济作物。由于农产品出口受到限制，就不能进口很多的重工业成套设备，影响了重工业的发展。第四，全国人均不到3亩地，大面积垦荒短期内又做不到，就粮食而论亦非控制人口不可。控制人口实属刻不容缓，政府对人口若再不设法控制，难免农民把一切恩德变为失望与不满。马寅初的《新人口论》，因故受到了批判。

1957年10月25日，《1956年到1967年全国农业发展纲要（草案）》正式公布，其中第29条规定，"除少数民族的地区以外，在一切人口稠密的地方，宣传和推广节制生育，提倡有计划地生育子女，使家庭避免过重的生活负担，使子女受到较好的教育，并且得到充分就业的机会"。这是中国政府第一次以官方文件确定计划生育政策的大方向。

1962年12月18日，中共中央、国务院发出《关于认真提倡计划生育的指示》，其中明确指出："在城市和人口稠密的农村提倡节制生育，适当控制人口自然增长率，使生育问题由毫无计划的状态逐渐走向有计划的状

---

① 马寅初. 新人口论［M］. 广州：广东经济出版社，1998.

态，这是我国社会主义建设中既定的政策。"

1971年，国务院下发《关于做好计划生育工作的报告》。这一报告是中国整个计划生育工作的真正起点。该报告提出，要使人口自然增长率逐年降低，力争到1975年在城市降低到10‰左右，在农村降低到15‰以下，并将此目标纳入"四五"规划。从此，计划生育真正成为国家计划的一部分，成为名副其实的"计划"生育。政府开始通过逐级下达的层层指标，严格控制人口出生。

1982年9月，计划生育被定为基本国策，同年12月写入宪法，主要内容及目的是提倡晚婚、晚育，少生、优生，从而有计划地控制人口。

四、克拉克：《地球不会挨饿——养活世界人口》

国民收入核算先驱者之一科林·克拉克[①]晚年是一位激进的反新马尔萨斯主义者。20世纪60年代，人们普遍认为，人口过剩将是一个严重的问题。1968年《公地悲剧》[②] 描述了一个人口过剩星球的可怕情形。克拉克却认为，只要经济继续向前发展，就一定能够养活地球上的人口；世界人口增长不会带来生存危机，因为国民生产总值也会随之增长。1970年，其著作《人口增长与土地利用》被翻译成德文出版，德文书名为《地球不会挨饿——养活世界人口》。这与马尔萨斯描述的世界完全不同。其实，克拉克的观点暗含着一个经济发展方式的转变，要突破边际产量递减规律，实现边际产量递增。

---

① 科林·克拉克（1905—1989），英国经济和统计学家，开创性研究国民生产总值（GNP）的使用。

② 1968年，哈定（Garrit Hadin）在《科学》杂志上发表文章，题为 *The Tragedy of the Commons*，可译成《公地悲剧》或《大锅饭悲剧》。

专栏　花盆里种出的粮食，为什么不能供养全世界？

经济学中有个"边际产量递减规律"。在技术给定和其他要素投入不变情况下，连续增加某一种要素的投入所带来的总产出的增量，在开始阶段可能会上升，但迟早会出现下降的趋势，此即边际产量递减规律或边际报酬递减规律。

其核心是，其他要素不变，只有一种投入要素可变，只增加这种可变的生产要素，其增加一单位投入所带来的产量，最终是递减的，甚至是负的。比如，一间面包坊，只有两个烤炉，工人从1个增加到2个时，面包的边际产量和总产量都会增加。如果增加到3个工人，1个工人打杂，尽管这个工人增加的产量不如第2个工人（边际产量递减），但总产量仍增加。如果增加第4个工人，面包坊内拥挤，工人之间发生矛盾，总产量反而减少了。

由此看来，你家花盆里种出的粮食，绝对不可能供养全世界，这都是边际产量递减规律惹的祸。花盆面积有限，施更多的肥，可能带来边际产量为零或者为负，总产量很难增加甚至下降。

如果边际产量递减规律不成立，你家花盆里种出来的粮食，是可以供养全世界的。

人类社会的发展，就是要突破报酬递减规律，实现报酬递增。美国经济学家罗斯托有力回答了一个诸多经济史学家和有识之士苦苦地思索了两百多年的问题：肇始于18世纪末叶的欧洲工业革命是怎样发生的？在此之前的经济为什么未能实现自我维持的增长？[①] 这个问题，可以进一步转

---

① W. W. 罗斯托. 这一切是怎么开始的：现代经济的起源［M］. 黄其祥，纪坚博，译. 北京：商务印书馆，1997. 罗斯托（1916—2003），美国经济史学家，发展经济学先驱之一。著有《十九世纪英国经济论文集》《经济增长过程》《经济成长阶段》《政治和成长阶段》《这一切是怎样开始的：现代经济的起源》《世界经济：历史与展望》《1868—1896年英国贸易的波动》等。

化为：为什么古代文明和中世纪欧洲未能产生持续的发展？这是一个可以比肩李约瑟之谜甚至更为宏大的问题。

罗斯托认为，现代前的世界未能实现自我维持的增长，这个世界从工业革命以来区别于以往世界的不同点就是，它把科学和技术系统地、经常地、逐步地应用于商品生产和服务业方面。人类智慧的有组织的创造力已经成为一种生产力，足以补偿土地和自然资源的种种局限，社会把自己组织起来开发技术的宝藏和资源，摆脱了李嘉图的土地报酬递减论和马尔萨斯人口论的幽灵。[①]

纵观世界经济发展史，许多国家或地区曾经辉煌一时，却不能突破经济发展中收益递减规律的制约。收益递减是经济发展模式不变条件下的必然规律。经济发展模式转变，实际上是一种创造性破坏，是一种扬弃，是寻找与构建收益递增机制的必然结果。构建收益递增机制是突破经济发展瓶颈的核心环节。1783 年英国的工业革命，依靠产业资本与商业资本互动的配置效率提升而促进生产率提升，极大地释放了生产能力，实现了经济发展的收益递增。美国的强国梦，是依靠产业资本、金融资本与人力资本互动的配置效率提升而推动生产率快速提升而实现的。

第二节　人地关系：稀缺性的力量

无论何种人口理论，实质都是人和土地（及其所提供的生产资料和生活资料）的关系。

美国奉行的"大田广种"和中国传统的小农多角经营、小田亩精耕细作，二者是不同的。人少地多，带来了强制劳动制度；人多地少，孕育着

---

① W. W. 罗斯托. 这一切是怎么开始的：现代经济的起源［M］. 黄其祥，纪坚博，译. 北京：商务印书馆，1997：5－6.

自由劳动制度；机械化替代人力，自由劳动制度更为强化。

一、美国的"大田广种"：农奴与种植园

美国人的祖先欧洲人，生活形态是传统小农生活模式。一个家庭占有一小块土地，多元经营，养育乳牛供给乳制品，种植谷物满足口粮需要，养殖牲畜家禽提供肉食，种植瓜果蔬菜，自给自足之间有些许农产品市场。这些人来到美国这片广袤土地，开始了以出售兽类皮毛为代表的市场导向的狩猎活动、养殖活动和种植活动，大农庄经营模式应运而生。尤其是大农庄往往经营单一化的农产品，如小麦、玉米、棉花，具备了规模化、组织化的生产形态，需要雇佣甚至强制产业工人劳动。美国的这种农业模式，已经不是传统的农业生产，不再只是农民自己求生的方式，而是商品市场结构的一环，是农业的工业化。

奴役黑人，是美国南方经济的历史特色。自西班牙人、葡萄牙人发现新大陆开始，因为欧洲和美国之间的航行中转站是非洲西部，葡萄牙人很早就掠夺黑人，并运到新大陆出售为奴。从 16 世纪到 19 世纪，有 3 000多万非洲人被掠夺为奴。购买者多是英国和法国殖民地的白人农场主。①

美国南方的大农庄，经常有数百个农奴在田野劳作，种植棉花和摘棉花，种植烟草和烘焙烟草。农奴没有人身自由，没有自己的家庭。他们是主人的财富，接受主人的命令，从事主人分配的任务，可被随意出售。美国南方的奴隶制度，将本来自由的人类一分子硬生生培育为被动、顺服的劳动工具：奴隶。② 黑奴劳力完全被纳入了资本主义市场分工的一个环节，成为会说话的"牲口"，没有机器以前的"机器"。③

---

① 许倬云. 许倬云说美国：一个不断变化的现代西方文明［M］. 上海：上海三联书店，2020：27.

② 许倬云. 许倬云说美国：一个不断变化的现代西方文明［M］. 上海：上海三联书店，2020：51.

③ 许倬云. 许倬云说美国：一个不断变化的现代西方文明［M］. 上海：上海三联书店，2020：52.

所罗门·诺瑟普①在 1853 年所著传记体小说《为奴十二年》中记录了一个惊人的故事。1841 年，他在纽约被人绑架，贩卖成为一名奴隶，直到 1853 年逃跑后，他成了一名废奴主义者，并写作出版了他的回忆录《为奴十二年》。这是他以亲身经历为蓝本创造的自传体小说，一经上市便引起了美国社会的震动。电影《为奴十二年》在 2014 年第 71 届金球奖上获得最佳剧情片，在第 86 届奥斯卡金像奖颁奖礼上获得最佳影片奖、最佳女配角、最佳改编剧本奖三项大奖。

斯文·贝克特的《棉花帝国：一部资本主义全球史》②，通过叙述棉花产业发展的历史，解释了欧洲国家和资本家如何在短时间内重塑了这个世界历史上最重要的产业，并进而改变了整个世界面貌。该书是名副其实的全球史，内容涉及五大洲，将非洲的贩奴贸易和红海贸易联系在了一起，将美国南北战争和印度棉花种植联系在了一起。其中，商人、商业资本家、经纪人、代理人、国家官僚、工业资本家、佃农、自耕农、奴隶都有自己的角色，该书叙述了这些人的命运如何与近代资本主义发展联系在一起，又如何塑造我们现在这个存在着巨大不平等的世界。

斯文·贝克特指出，为了大规模生产棉花，种植园引入了成千上万的奴隶。在 4 个典型的南卡罗来纳内陆县，黑人所占人口比例从 1790 年的 18.4% 上升到 1820 年的 39.5%，而到 1860 年上升到 61.1%。③ 1854 年逃亡的奴隶约翰·布朗记得，"当英国市场的棉花价格上涨时，可怜的奴隶立刻感觉到了这一后果，因为他们的日子更加艰难，鞭子也不停地抽打着"④。

---

① 所罗门·诺瑟普（1808—1864），是一个天生自由的非洲裔美国人。

② 斯文·贝克特.棉花帝国：一部资本主义全球史［M］.徐轶杰，杨燕，译.北京：民主与建设出版社，2019.斯文·贝克特（Sven Beckert），在哈佛大学教授现代资本主义政治经济、美国资本主义历史、镀金时代美国史、劳工历史、全球资本主义等课程.担任哈佛大学资本主义研究项目联合主席、韦瑟黑德全球史计划联合主席、美国学术协会理事会会员、约翰·西蒙古根海姆基金会研究员。

③ 斯文·贝克特.棉花帝国：一部资本主义全球史［M］.徐轶杰，杨燕，译.北京：民主与建设出版社，2019：96.

④ 斯文·贝克特.棉花帝国：一部资本主义全球史［M］.徐轶杰，杨燕，译.北京：民主与建设出版社，2019：103.

加里·M. 沃尔顿和休·罗考夫在《美国经济史》中指出，在1800—1860年间平均每年 2.4% 的人口扩张中，奴隶数量增加起了主导作用。[①]1800—1860年间按种族统计的美国南方人口，奴隶与自由人的比例为：1800年为 49%，1810年为 50%，1820年为 52%，1830年为 53%，1840年为 54%，1850年为 53%，1860年为 53%。[②]

二、中国的"精耕细作"：农业的制度化安排

人类数百万年的历史，可以划分为三个阶段：狩猎采集（流动生产），农业（食物生产），工商业（市场经济）。从狩猎采集转向农业，是一个重大的经济结构变迁。农业标志着社会进入一种有组织的状态。在资本、技术、管理等现代生产要素用于农业之前，农业面临着一个明显的天花板，即光合作用。为了突破这一极限，有组织的农业是必须的。

专栏　列昂惕夫之谜

要素相对稀缺，往往决定着一个地区的经济发展模式。经济学家列昂惕夫[③]指出，与其他国家相比，美国资本拥有量相对丰富，按照赫克歇尔—俄林的资源禀赋理论，美国应该是资本密集型产品的出口国和劳动密集型产品的进口国。他运用投入产出分析方法对美国 1947 年经济统计资料进行检验发现，美国进口替代品的资本密集度比美国出口商品的资本密集度高出大约 30%。这意味着，美国进口的是资本密集型商品，出口的是劳动密集型商品。这与赫克歇尔—俄林的资源禀赋理论预测完全相反，这就是著名的列昂惕夫之谜。

---

① 加里·M. 沃尔顿，休·罗考夫. 美国经济史 [M]. 10 版. 王珏，等译. 北京：中国人民大学出版社，2013：314.

② 加里·M. 沃尔顿，休·罗考夫. 美国经济史 [M]. 10 版. 王珏，等译. 北京：中国人民大学出版社，2013：317.

③ 哈佛大学华西里·列昂惕夫教授是投入产出分析方法的创始人，1973 年获诺贝尔经济学奖。

中国的农业，抑或土地，从井田制开始，一直都是一种制度化的安排。农业经营处于一种制度化的安排之下，可以有效分配资源，通过土地生产率的提高来化解人口压力，突破马尔萨斯陷阱。

"封建"这个词的含义之一是指一种分封的政治制度。君主把土地分给宗室和功臣，让他们在这块土地上建国。欧洲中世纪也曾实行类似的制度。相传黄帝为封建之始，至周制度始备。井田制是中国古代社会的土地国有制度，出现于商朝，到西周时已发展成熟，其实质是一种以国有为名的贵族土地所有制。西周时期，道路和渠道纵横交错，把土地分隔成方块，形状像"井"，称"井田"。井田属周王所有，分配给庶民使用。领主不得买卖和转让井田，还要交一定的贡赋。领主强迫庶民集体耕种井田，周边为私田，中间为公田。井田制实质是一种土地私有制度（夏商西周，一切土地属于国家）。《孟子·滕文公上》："方里而井，井九百亩。其中为公田，八家皆私百亩，同养公田。公事毕，然后敢治私事。"严复《论中国教化之退》："秦并天下，更古制，更井田而为阡陌，废封建而置郡县，黜儒术而任名法。"

在公元8—13世纪，中国经济重心从北方转移到南方，粗放式的汉代农业变成了精耕细作的水稻农业。人口增长与土地产出形成了一种因果互动关系，有力地突破了马尔萨斯陷阱。宋朝以前，人少地多，出现了各种强制劳动制度（包括使用农奴和奴隶），目的是要提高对农业的劳动投入。随着人口长期增长，土地变得相对稀缺了，经济开始向自由劳动制度发展。地主阶层减少对奴役或强制劳动力的需求。地主在相当程度上是不参与农业管理的出租人，生产和管理的决策是由佃农和自耕农做出的。

在宗元交替之间，中国农业转向了一个以拥有生产与经营自主权的自耕农和佃农为主的土地制度。自耕农可以自由地买卖土地，在地方市场出售农产品。这表明，中国农业已经形成了一个制度性架构，能够有效配置资源。①

宋朝时期，中国经济社会发展的底层组织市场已经十分繁荣。北宋画家张择端②的《清明上河图》生动记录了 12 世纪北宋都城东京（又称汴京，今开封）的城市面貌和社会各阶层人民的生活状况，是北宋时期都城汴京繁荣的见证和城市经济情况的写照。清明上河是当时的民间风俗，像今天的节日集会，人们借以参加商贸活动。全图大致分为汴京郊外春光、汴河场景、城内街市三部分。在五米多长的画卷里，大到广阔的原野、浩瀚的河流、高耸的城郭，细到舟车上的钉铆、摊贩上的小商品、市招上的文字，和谐地组织成一个统一的整体。画中有仕、农、商、医、卜、僧、道、胥吏、妇女、儿童、篙师、缆夫等人物及驴、牛、骆驼等牲畜；有赶集、买卖、闲逛、饮酒、聚谈、推舟、拉车、乘轿、骑马等情节。画中大街小巷，店铺林立，酒店、茶馆、点心铺等百肆杂陈，还有城楼、河港、桥梁、货船、官府宅第和茅棚村舍。

人口增加，就需要更多的土地，需要更高的土地生产率。填海造田，修建梯田，涸泽造田，伐林造田，目的都是增加土地面积。集约使用农家肥，修建农田水利设施，多元化种植，都是要提高土地生产率。中国粮食总产量在 1400—1820 年间增长了 5.3 倍，耕地面积增长了大约 3 倍，单位面积产量大约增长了 3/4。水稻、小麦、大麦实现了多季种植，从美洲引进了马铃薯和玉米，人口和动物数量的快速增加带来农家肥的投入增加。③这是中国农业长期自我维持的精耕细作方式。

---

① 安格斯·麦迪森. 中国经济的长期表现：公元 960—2030 年 ［M］. 修订版. 伍晓鹰，马德斌，译. 上海：上海人民出版社，2016：序言 23.

② 张择端（生卒年不详），汉族，琅琊东武（今山东诸城）人，北宋著名画家。

③ 安格斯·麦迪森. 中国经济的长期表现：公元 960—2030 年 ［M］. 修订版. 伍晓鹰，马德斌，译. 上海：上海人民出版社，2016：序言 30 - 31.

专栏　马铃薯：致命病毒的启示

马铃薯，也叫土豆，祖籍在南美洲。马铃薯的命运有点令植物界唏嘘。植物界以被写进《圣经》为荣，马铃薯却没有被写进《圣经》。《圣经》说，上帝创造了以种子繁殖的植物，马铃薯却是用块茎繁殖的，这是有罪的。马铃薯就成了恶魔植物。

人们碰到被判有罪的马铃薯，就要处以刑罚。当时，流行的是火刑。受火刑煎熬的马铃薯，散发出了诱人的香味。经受不住诱惑的人们，为了口舌之欲，就把恶魔植物变成了口粮。人类的理性（生存效用最大化）摆脱了上帝的训谕。

马铃薯的生命力很强，到哪儿都能生长。长期粮食歉收的欧洲，就开始推广种植马铃薯。英国女王伊丽莎白一世（1533—1603）为此主办马铃薯派对。

当时，欧洲大陆打仗，最大的问题就是粮食不足。普鲁士（德国）国王腓特烈二世靠强制推广马铃薯种植战胜了法国。成为德国俘虏的法国人巴蒙泰尔就是靠吃马铃薯活下来的。巴蒙泰尔回到法国后，建议法国国王路易十六推广种植马铃薯。由此，马铃薯逐步把饥饿的欧洲各国拯救出来。马铃薯成了国力的象征，为后来的工业革命打下了基础。

爱尔兰人民的口粮几乎完全依赖马铃薯，其人口从 19 世纪初的 300 万人增加到后来的 800 万人。爱尔兰追求马铃薯产量最大化，于是选择一个产量大的品种在全国种植。没想到，1845—1850 年期间，这个品种的马铃薯感染了一种被称为晚疫病菌的卵菌，造成马铃薯腐烂。爱尔兰人民的口粮就这样没有了，大饥荒就这样发生了。病毒或者病菌之所以能够快速传染，都是因为单一品种抗病性差，抑或缺乏生物多样性，病毒（病菌）就遇不到天敌了。

原本并非致命的病毒，就这样成了致命病毒，自然界就这样狠狠地惩罚了人类的有限理性。几乎每次致命病毒的传播，都是重复着同样的故事。人类的口舌之欲有着尝遍天下鲜的冲动（效用最大化），就活生生地把野生动物带离了那个自由成长的自然界（收入最大化）。人类理性的心动（效用最大化和收入最大化），导致病毒由静变动。这是一场人类理性的自负。

三、面向未来：工商时代为何还要重视农业

（一）传统社会：传统农业的均衡

传统社会的典型特征是简单再生产。一旦人口的再生产与生活资料（尤其是农业）的再生产不匹配，社会稳定秩序将会被打破，甚至会发生政权更迭。农业是传统社会至关重要的运行基础。

基于"天人合一"的理念，传统社会的农业文明秩序是一个国家政权与统一的基础，更是一个全方位多层次的系统结构。在漫长的农业时代，乡村集市的市场网络，以大运河为关键连接点的交通系统，带来了文字和货币的天然统一。当年，乾隆皇帝对英国使团代表马嘎尔尼高傲地讲"天朝统驭万国，富有四海，物产丰盈，无所不有"，士大夫阶层不愿意去学习西方的"奇技淫巧"（科学技术），其背后有着农业文明秩序超稳定的信仰。

1979 年诺贝尔经济学奖得主西奥多·W. 舒尔茨在 1964 年出版的《改造传统农业》中指出，"完全以农民世代使用的各种生产要素为基础的农业可以称之为传统农业"[1]。传统农业是一种特殊类型的经济均衡状态，生

---

[1] 西奥多·W. 舒尔茨. 改造传统农业［M］. 梁小民，译. 北京：商务印书馆，1987：4.

产方式长期没有发生变动，基本维持简单再生产。传统农业是无法对经济增长做出重大贡献的，只有现代化的农业才能对经济增长做出重大贡献。如何把传统农业改造成现代化的农业，"如何把弱小的传统农业改造成一个高生产率的经济部门"①，是问题的关键。改造传统农业的关键是要引进新的现代农业生产要素，为此需要：建立一套适于传统农业改造的制度；从供给和需求两方面为引进现代生产要素创造条件；对农民进行人力资本投资。

（二）为什么要重视农业

我们身处发达的工商业时代，为什么还如此重视产值贡献并不高的农业？这一问题必须厘清并科学回答。20 世纪中叶，发展经济学家强调了农业的产品贡献、要素贡献、市场贡献、外汇贡献。我们必须回望历史、与时俱进，再次正确认识农业的各类贡献及其背后的深刻意义。

产品贡献是农业之本。民以食为本，保供给，至关重要。这不仅仅是一个短期问题，还是一个长期问题，更是一个生存权的问题。习近平总书记多次指出："解决好十几亿人口的吃饭问题，始终是我们党治国理政的头等大事。"十九大报告明确指出："确保国家粮食安全，把中国人的饭碗牢牢端在自己手中。"有人问，这个问题，可否用钱来解决，到国外买粮食、买食品？理论上可以，实际上不行！一旦遇到天灾人祸，粮食、食品这类战略物资即使付出高价也是很难买到的，或者是很难充分满足需要的。谁控制了粮食，谁就控制了全世界！无论何时无论何地，这句话永恒成立。人类历史上的多次动乱都与饥荒有关。2010 年前后，北非动乱，在一定程度上，与当时国际粮食价格急剧上涨密切相关，因为北非的食品大部分是靠进口的。②

---

①　西奥多·W. 舒尔茨. 改造传统农业 ［M］. 梁小民，译. 北京：商务印书馆，1987：4.

②　详见第一章卡扎菲之死的案例分析。

要素贡献是农业之惠。为第二产业、第三产业提供原材料，是农业极其重要的贡献。农业惠及面很广，与其他产业高度融合。不仅食品、饮料、服装制造业需要农业，战略性新兴产业、生物医药产业也需要农业。化妆业的口红需要农业提供红红的辣椒素，花花绿绿的货币需要农业提供优质棉花。在传统社会，农业发展的"天花板"就是光合作用，农业效率受制于光合作用的效率。如何突破光合作用的极限，至关重要。现代资本、技术、管理应用于农业，就是要突破这一极限。现代农业，几乎都是用工业手段进行的，比如温室、灌溉、施肥、收割设备。农业利用工业手段节省的劳动力，又为其他产业发展提供了劳动力贡献，进而推动了产业结构升级和转型。更为重要的是，现代农业基本上都是依靠工商业来补贴的，虽然从事农业的人口、农业产值都已经式微。美国、荷兰等农业发达国家都是如此。

市场贡献是农业之力。农业生产的过程是耕、种、管、收、售，每一个环节，都会产生对第二产业、第三产业的市场需求，拉动其他产业发展；每一个环节都需要自动化、智能化、精密化的机械设备和科研服务。农业生产资料产业和农业服务产业是一个极其庞大的立体式产业，都可以用到人工智能、大数据、区块链技术。无人机可以精准喷洒农药、落叶剂，实现植保服务智能化。甚至可以通过设备连通，利用云计算和机器学习功能，来建设数据驱动型现代农业。可见，农业已经不是"面朝黄土背朝天"的靠天吃饭的产业，而是可以应用一切现代科学技术和设备的产业。从宏观意义上讲，农业的市场拉动作用，对所有产业，都具有普适意义。在新工业革命时代，农业已经不是天生的弱质产业了。

外汇贡献是农业之强。一个国家生产的农产品，自己吃不完，或者自己少吃点，剩余的产品可以出口到其他国家，挣外汇，然后买本国需要的其他产品和资源。这就是农业的外汇贡献。有人认为，通过出售初级产品购买深加工工业制品，这是经济发展初级阶段的必经过程。这是一个认识误区。其实，外汇贡献，既对发展中国家有重要意义，也对发达国家有重要意义。因为在全球化时代，外汇贡献是上文所讲的产品贡献、要素贡献和市场贡献的综合反映。农业能挣全世界的钱，是其强大的重要表现，也是为全球经济发展做出贡献。许多国家签订双边或多边经贸协议，农业必定是重要内容之一。多年来 WTO 处理了很多贸易纠纷，涉及农产品的占了较大比重。2019 年 12 月中美签署的第一阶段经贸协议第三章"食品和农产品贸易"在整个协议中所占篇幅最大。

以上的贡献主要是农业的经济贡献。其实，农业还有生态贡献、环境贡献，甚至还有社会保障、文化传承贡献等。在此不赘述。

虽然我们已经逐步离开农业时代，正在迅速迈向工商业时代，但我们永远离不开农业。我们不但离不开农业，还要高度重视农业的发展。1994年美国学者布朗的警言"21 世纪谁来养活中国人"，不管是何意，不管是不是"中国威胁论"，我们都应该重视。甚至，我们也要发出警言，"未来时期谁来养活地球人"，这是关系到构建人类命运共同体的重大问题之一。中国已经并正在做出科学回答，已经并正在提供中国智慧和中国方案，世界各国人民也需要做出科学回答。世界上的水是相通的。我们应该认识到，解决这一问题的智慧和逻辑，放之四海皆为准。

四、要素稀缺性转换：一个现实案例[①]

2011 年 8 月初，富士康[②]掌门人郭台铭透露，未来 3 年间，富士康将增加生产线上的机器人数量，主要用在喷涂、焊接、装配等流水线工序。这是一种信号：在中国经济发展中，资本逐渐替代劳动将是一种趋势，而且是一种不可逆转的趋势。

马克思在《资本论》（第一卷）序言中指出："工业较发达的国家向工业较不发达的国家所显示的，只是后者未来的景象。"也就是说，发达

---

① 刘金山. 富士康的选择是重要转型信号［N］. 羊城晚报，2011 - 08 - 02.
② 富士康科技集团是中国台湾鸿海精密集团的高新科技企业，1974 年成立于中国台湾省台北市，总裁郭台铭，现拥有 120 余万名员工及全球顶尖客户群。

国家的今天，就是不发达国家的明天。在今天的欧美地区，资本密集型产业与技术密集型产业居多，人工是最贵的。中国作为制造业大国，其正在进行的实践，在某种程度上也印证着这种规律。春江水暖鸭先知。这种规律的最先感知者是企业。企业是理性计算的主体，对市场的变化极其敏感，市场一变，马上理性应对。

富士康以机器人替代工人劳动是理性应对的具体表现。自从 2010 年富士康发生一系列事件①之后，其劳动工资成本具有较大幅度的上升。未来时期，中国劳动工资的上升将是一种趋势。中国老龄化趋势的加速，将使劳动力供求格局发生变化，剩余劳动力无限供给的时代即将结束，中国将丧失劳动密集型的比较优势，"用工荒"有可能演变为常态社会问题。自 2004 年"民工荒"以来，农民工工资开始进入较快的上涨通道。短期内，农民工工资上涨未对我国制造业国际竞争力产生明显冲击，一个重要的原因是农民工工资基数低，企业储备了较强的工资消化能力，加薪是弥补历史欠账。

但从长期来看，加薪潮后农民工工资已达到一个新水平，如果继续上涨，将耗尽企业的工资消化能力。近年关于中国人口红利所剩不多的说法，已经成为一种共识。而且，人口红利不在于人口的多少，而在于劳动工资的低廉。第一代农民工吃苦耐劳，能够忍受低薪，但农民工的第二代、第三代将越来越不愿意过着与父辈、祖父辈一样的辛苦生活。在这一背景之下，富士康作为一家大型的跨国代工企业必须要未雨绸缪，提前理性应对。让机器人替代部分员工劳动，就是其重要的一步。

富士康以机器人替代工人劳动是科学生产的具体表现。机器人的最大好处在于自动化、标准化与精密化。在特定的工序环节，机器人比工人更具优势。像富士康这样的代工企业，其生产模式在于批量生产，在于规模效应。如果采用机器人进行劳动生产，毫无疑问将有利于生产线管理的标

---

① 自 2010 年 1 月 23 日富士康员工第一跳起至 2010 年 11 月 5 日，富士康已发生 14 起跳楼事件，引起社会各界乃至全球的关注。

准化、自动化和精密化，比用工人劳动更加容易实现自己的管理效果。这一次的生产方式的转型，或许可以使富士康在未来人口红利彻底消失时，仍能够保持着自己的生产和竞争优势。从这个层面上说，富士康所进行的，可以认为是一种人口红利的再创造。

同时，由于机器人自身可以批量生产，富士康使用机器人的成本将是递减的。面对递减的资本成本（机器人成本）和递增的工资（劳工成本），选择资本替代劳动，是理性的。科学发展需要把握与遵循发展规律。富士康的选择告诉我们，转型已经开始，而且必须开始了。

第三节　土地制度与利益博弈

一、产业需求：土地用途的变迁

据传，马克·吐温曾说过：买地吧！因为土地已经停止生产。这句话的经济学含义是，土地是极其稀缺的。

土地，不仅仅是指土壤和岩石，更是指区位意义上的空间。在传统经济中，土地的首要功能是用于农业生产，农场需要土地才能生产粮食。正如深受重农学派影响的本杰明·富兰克林所言："人类可以从撒进大地的种子获得真正的增殖。"[①]

随着世界市场大连通，土地成为工业生产的场地，工厂需要土地（厂房）才能生产商品。第二次工业革命以来，世界制造中心（世界工厂）几经变迁：英国→美国→日本→中国。经济史表明，在长达1 500多年的时间内，中国曾一直在商品产出方面领衔世界，直到19世纪50年代才被英

---

① 本杰明·富兰克林. 富兰克林经济论文选集［M］. 刘学黎，译. 北京：商务印书馆，1989：42.

国超越。当时英国的推动力主要是第二次工业革命。美国在19世纪90年代末期超过英国，成为全球最大的制造强国。"二战"以后，日本贸易立国，逐渐成为世界制造中心。每一次世界制造中心的变迁，一个重要原因是生产要素成本上升而发生产业转移。土地成本的上升是关键之一。

随着经济发展，土地成为提供服务和家庭住宅的场所。当前土地的首要经济用途是住宅市场。《21世纪资本论》指出，住宅房产的价值已经超过了其他用途的土地价值。

土地的首要经济功能从农业用地变成了住房，这一历史进程无限精彩。其间关于土地产权的制度安排和政府土地政策影响着每一个主体的行为选择。

二、回望历史：我想卖身为奴

汉朝的时候，税法规定每一个国民，必须缴纳人口税，就连小孩也是如此。人口税分为算赋和口赋。算赋是，无论男女，15～26岁的人均要缴纳，高祖四年（公元前203年）开始，每人每年1算即120钱，文帝时减为40钱。女子15～30岁不出嫁的，算赋要按等加收，分为5等，按等收至5算。口赋的征收对象是，7～14岁的少男少女，每童每年20钱。武帝时提至3岁开始纳口赋，但出现了杀婴现象，元帝时恢复至7岁开始纳口赋。

"缴"，是"缴枪不杀"的"缴"，体现的是税收的三性：强制性、固定性、无偿性；而不是"交易"的"交"，不是使用者付费。古今中外的税，都是这样的。如果不缴，那就对不起了，得法律伺候。

无论男女老少，每个人都要缴人口税。钱从哪儿来呢？汉朝的时候，还是农业社会，最大的财富就是土地了。此时，井田制已经废除，土地是农民私有的，可以自由使用、自由买卖。买卖土地是很正常的社会现象。遇到意外情况，旱涝灾害，生活困难，就可能把地（所有权）卖了。

这样，有人有地，有人无地；有人地多，有人地少。每一个国民的生活基础就差别很大了。卖了地，怎么生活？那就租地种吧。租地，是要交田租的，由使用者付费。尽管政府轻徭薄赋，但只是对田地的所有权（地主）而言，对租地（使用权）的农民来说，意义不大。

不是人人有地，不是人人就业，却要人人缴纳人口税。如果不缴就是犯法，就会被抓去当官奴，在衙门里做苦工。苦工，这活儿可是不好干的，历尽人间辛酸。

如果不想做苦工，有人说，那就去打砸抢。这是犯罪，那是要杀头的，或者要受其他极刑。如果不想做苦工，有人说，可以逃到外地去做乞丐。对不起，在官府的人口册上，有你的姓名，有你的地址，做乞丐，也是要缴人口税的。

如果不想做苦工，也可以把自己卖掉，卖给私家为奴。这样，人口税就是奴隶主的事了，不关奴隶什么事。奴隶主，就要缴纳自己买的奴隶的人口税了，且按税法规定要加倍缴纳。

其实，当奴隶，并不是完全出卖自由，而是不想缴纳人口税。政府觉得，此风不可长，因此规定奴隶的人口税加倍缴纳。政府不是禁止人们卖身为奴。买卖田地，是民间贸易；卖身为奴，也是民间贸易；都是你情我愿的自由买卖。

政府对发自内心的民间贸易，不是一禁了之，而是通过增加交易成本进行引导，使愿者上钩。政府不替民间做选择，这是对的。如果政府一禁了之，那可能就天下大乱了：要么，官奴泛滥；要么，流寇泛滥。顺势而为，这是国家治理体系与治理能力的基本原则之一，无论古今中外皆如此。

汉朝的普罗百姓在乎利益。人口税下，部分百姓做出了卖身为奴的理性选择。人对激励是有反应的，无论是正向激励，还是负向激励。心为利动，行随心动。其实，在 21 世纪的今天，部分感情坚如磐石的夫妻，为了逃避住房限购政策（比如一家在同一城市只能买两套房），也会选择离婚，就是为了多买套房子，赚些钱。

汉朝人民与 21 世纪的人民，想的，做的，经济学逻辑是一样的，谁会和钱过不去呢？任何政策，总是有一些意想不到的后果。

人口税下，汉朝的一些有钱人就养了大批的奴隶。奴隶主可不是为了发善心，而是为了发财。大量人工，入山烧炭，开矿冶金，大规模的工商生产就起来了。奴隶主赚了钱，奴隶生活也不错，甚至比普通农户还好。卖身为奴，没有想到，一不留神，参与了发财集团。

卖身为奴，反而享受了经济发展的红利，有获得感与幸福感，这是不是汉朝人民的美好生活呢？从宏观大历史看，这促进了农业经济向工商经济的转变，是人口税的设计者万万没有想到的，走向了设计者"重农抑商"思想的反面。任何政策都是利益的分配书。政策的自身逻辑，那是防不胜防的。其实，任何一个大事件，都是如此。道理是不变的。

三、土地与房子的所有权意识[①]

1853 年，英国维多利亚时代艺术趣味的代言人、评论家约翰·拉斯金（John Ruskin）发问："看看自己的房间，你看到了什么？"答案永恒：你看到了自己！古往今来，大家都在为房子努力奋斗。拥有房子，是美好生活梦想的一部分。

那么，房子的价格，是怎么确定的呢？说到"房地产"，要把"地产""房产"分开，二者对房价形成不同影响。这个故事要从很久以前说起。

人类历史上，第一个圈出一块地说"这是我的"并发现人们相信了他的话的人，简直是个天才，他开启了人们的土地所有权意识。这样，土地就是一定的区位空间及一定时间内对这个空间的占有。1926 年，《芝加哥论坛报》刊载了一条房地产广告：销售人员请注意，销售经理请注意，地段，地段，还是地段，紧靠罗杰斯公园。看来，当时人们对土地区位价值的认识就已经深入骨髓。

---

① 微信公众号"嗨经济"2020 年 9 月 26 日推文《房价之谜》。

地价，不仅是由其当前的利用价值决定的，而且是由未来的经济价值决定的：谁占有了土地，谁就占有了未来土地所提供的经济价值。这么看来，地价不简单，成了特定区域经济的晴雨表，成了人们对特定区域未来经济活动的预期。看到这个逻辑，土地所有人就高兴了：谁使用我的土地，就要给我付钱。付的钱，就是地价。这样，土地就成了可交易的商品了，静止的土地就成了可流动的财产了。

不动产，因为可交易，也变成动产了。"不动产"的英文是 real estate，real 的原意是 royal，皇家的。中世纪的欧洲，土地多归教会或者王室所有。现代社会，政府成了很多土地的所有人。政府把土地拍卖给开发商，获得土地出让金，交易价格就是地价。

地产故事讲完了，再说房产。房产就是附着在土地上的建筑物。开发商买地后，采购钢筋水泥，把房子建好，卖给购房者，交易价格就是房价。购房者付的房价款会流向什么地方？开发商拿到这些钱，要补偿土地出让金（地价），要支付建房、卖房各种成本，要还银行贷款及利息，要给政府缴各种税费，剩下的就是开发商的利润。购房者买了房，就有了所有权，可以自己决策了——自己住，或租出去给别人住（房子使用权收费）。这时候，房子是用来住的，房子就是一个盒子。或者，把房子卖出去（房子所有权收费），低买高卖，通过炒作所有权赚钱。这时候，房子是用来炒的，房子就是一个符号，赚钱即可。很多人买房子，不是为了自住，而是把房子看做金融资产。这样，地价加上一连串东西，就形成了房价。开发商、银行、政府、购房者，就成了房价形成过程中的利益相关者。其间，谁希望房价下降呢？除了购房者，每一个利益相关者都希望房价上涨。购房者一旦变成了房东，和全体房东一起立刻希望房价上涨。利益相关者对房价上涨的信仰是深入骨髓的。如果房价下跌，"稳房价"几乎成了利益相关者的共同心理诉求：房价不能跌呀，否则利益链条就要断了。

我们看到，房子的价格在上涨，其实，可能是房子下面的地价在上涨，可能是房子周围的公共服务及其创造的经济价值在提升。前者的溢价部分，归了政府；后者的溢价部分，归了房东。这样的话，房东就拥有太多的经济增长收益，有点不劳而获的感觉。

这样，有房人群和无房人群的差距，将越拉越大：房价上涨，前者获得免费利得，后者支付更多房租。社会收入分配，不是按照对生产的贡献，而是按照是否拥有房产，这就严重打击了劳动积极性。因此，中央政府一直强调，房子是用来住的，不是用来炒的。

可见，地产与房产不同，地价与房价不同。我们所看到的房价背后，有着太多的错综复杂的利益图景，这共同决定了房价的走势。想要管住房价，就要理顺房价背后的利益关系。只有"上帝的归上帝（地产），恺撒的归恺撒（房产）"，回到初心，地产政策，房产政策，路归路，桥归桥，才能为人民谋幸福。

四、农田所有权：一个复杂而有序的图景

农田的产出，决定着人们的美好生活。产品如何分配，是由农田的所有权和使用权决定的。社会学家费孝通的《江村经济》描述了 20 世纪 30 年代中国江南农田的所有权图景，"所有农田都划分归各家耕种。……土地被划分为两层，即田面及田底。田底占有者是持土地所有权的人。因为他支付土地税，所以他的名字将由政府登记。但他可能仅占有田底，不占有田面，也就是说他无权直接使用土地，进行耕种。这种人被称为不在地主。既占有田面又占有田底的人被称为完全所有者。仅占有田面，不占有田底的人被称为佃户。……无论是完全所有者还是佃户，只要是田面的所有者，就能自行耕种土地；据此可以把这种人与不在地主区别开来。这种人也能够把土地租给他人，或雇工为自己种地。承租人有暂时使用土地的权利，他也能雇工。根据以上情况，拥有田面权利的人可以不是土地的实际耕作者。因此我们必须把实际耕作者、田面所有者以及田底所有者区别

开来"①。

传统社会认为养儿防老。其实，养儿不一定能防老。有了土地，养儿才能防老。中国北方农村，曾经流行土地养老的"死养""活养"方式。比如，一个家庭，有三个儿子，各自成家。父母老了，就把家中土地分成4份，父母1份，三个儿子各1份。父母这份，指定给某一位儿子耕种，由其负责为父母养老。如果是"死养"，父母都去世后，这块地依然属于负责养老的儿子；如果是"活养"，父母去世后，这块地由三个儿子平均分配。

传统社会，土地及其产权安排（所有权、使用权、经营权、收益权），与人地相对稀缺性互动演进着。

★重要概念

1. 马尔萨斯陷阱　　2. 工资铁律　　3. 报酬递增　　4. 人地关系
5. 劳动制度

★讨论与思考

1. 为什么很多年轻人不愿意到工厂生产流水线打工，而愿意送快递和外卖？这和传统社会的哪些现象背后的逻辑是相同的？

2. 传统社会为什么较少出现边际报酬递增的事情？

3. 你使用过信用卡吗？"信用"这个词，你了解吗？credit，来源于拉丁语"credo"，意为"我相信"。有了信用，可以突破边际报酬递减规律吗？经济史上，有这样的案例吗？

4. 有人说，在人类经济发展史上，"征服是最大的商业"。你如何看待？

5. 战国时代，诸侯林立，群雄争霸，秦国为什么能够兼并其他国家进而统一中国？请分析秦国的核心竞争力。

---

① 费孝通. 江村经济［M］. 北京：北京大学出版社，2012：159－160.

★ 延伸阅读

1. 加里·M. 沃尔顿, 休·罗考夫. 美国经济史 [M]. 10 版. 王珏, 等译. 北京: 中国人民大学出版社, 2013.

2. 许倬云. 万古江河: 中国历史文化的转折与开展 [M]. 长沙: 湖南人民出版社, 2017.

第三章

盛衰之间：李约瑟之谜与东西方大分岔

本章导读

人类经济发展史上的最大困惑之一就是李约瑟之谜：历史上中国为何由盛而衰？为什么工业革命没有发生在中国？古往今来，全世界诸多有识之士为之探索。工业革命的关键之一是西欧国家实现了从经验科学向实验科学的转变。中国的科举制阻碍了这一转变，这是皇权作为理性人谋求王朝稳定最大化的结果。中华人民共和国成立后，尤其是改革开放以来，中国经济占世界经济比重快速上升，这背后有着磅礴的市场力量和治理效能。英国从世界老大变成美国的卫星国，则是一种无奈的结果。

2014 年 3 月 27 日，在巴黎举行的中法建交 50 周年纪念大会上，习近平说："拿破仑说过，中国是一头沉睡的狮子，当这头睡狮醒来时，世界都会为之发抖。中国这头狮子已经醒了，但这是一只和平的、可亲的、文明的狮子。"狮子已经醒了！这意味着我们百年求解的李约瑟之谜呈现出新的曙光。李约瑟之谜背后是东西方发展大分岔的波澜壮阔的历史。

第一节　李约瑟的惊诧

一、李约瑟认识的转变

李约瑟（Joseph Needham），是英国近代生物化学家、科学技术史专家，其所著《中国的科学与文明》（即《中国科学技术史》）对现代中西文化交流影响深远。

1900 年 12 月 9 日，他出生于英国伦敦一个知识分子家庭。1917 年 10 月进入剑桥大学学习，1920 年获学士学位。之后到生物化学家弗里德里希·戈兰德·霍普金斯实验室工作。1924 年 10 月通过博士论文答辩。1930 年，剑桥大学出版社出版其 3 卷本专著《化学胚胎学》。1941 年当选为英国皇家学会会员。

1900 年出生的李约瑟在成长中所得到的认识是，英国一直是世界的老大。的确，自工业革命①以来，英国逐步成为"日不落帝国"，把半个地

---

① 第一次工业革命（the Industrial Revolution）开始于 18 世纪 60 年代，它发源于英格兰中部地区，是以机器取代人力，以大规模工厂化生产取代个体工场手工生产的一场生产与科技革命。历史学家称这个时代为"机器时代"（the Age of Machines）。18 世纪末 19 世纪初，英国人瓦特改良蒸汽机之后，由一系列技术革命引起了从手工劳动向动力机器生产转变的重大飞跃。随后向英国乃至整个欧洲大陆传播，19 世纪传至北美。蒸汽机、煤、铁和钢是促成工业革命技术加速发展的四项主要因素。

球踩在脚下。李约瑟一直为祖国而自豪，认为历史上英国一直是第一的。

1937 年 8 月，鲁桂珍、王应睐、沈诗章三位中国留学生来到英国剑桥大学留学。鲁桂珍为他取中文名"李约瑟"。鲁桂珍等留学生经常给李约瑟讲中国历史上的灿烂辉煌，中国曾是世界的老大，中国曾是"中央之国"。李约瑟开始不相信，这些留学生就给他看了很多史料，后来他终于相信了中国曾经是世界第一的事实。从此，李约瑟开始关注中国历史，尤其是中国科技史。1941 年夏，英国文化委员会任命李约瑟为设立在重庆的英—中科学合作馆馆长。1942 年夏，他突然产生一个念头：中国科学为什么没有得到发展？1943 年 2 月 24 日，他抵达云南昆明调研考察。1943—1946 年间，李约瑟出行 11 次，行程 3 万英里。1948 年 5 月 15 日，他正式向剑桥大学出版社递交《中国的科学与文明》的写作计划。他认为，中国对世界文明的贡献远超过所有其他国家，但所得到的承认远远不够。1954 年 8 月 14 日，《中国的科学与文明》第 1 卷出版。1964 年李约瑟夫妇访华，受到毛泽东、周恩来等中国领导人接见。1971 年，李约瑟被选为英国人文科学院院士。1983 年，李约瑟获颁香港中文大学荣誉理学博士学位。1995 年 3 月 24 日，李约瑟逝世。

二、李约瑟之谜的内涵

李约瑟在《中国的科学与文明》中提出：为何在前现代社会中国科技遥遥领先于其他文明，为何在现代中国不再领先？为什么科学与工业革命没有发生在近代中国而发生在西欧？1976 年，美国经济学家肯尼思·博尔丁将这些疑问称为李约瑟之谜。许多学者把李约瑟之谜进一步推广，出现"中国近代科学为什么落后""中国为什么在近代落后了"等问题。对这些问题的争论一直非常热烈。

早在李约瑟之前，就有许多人提出类似的问题。1915 年中国学者任鸿隽在中国最早的科学杂志《科学》第 1 卷第 1 期发表的《说中国无科学之原因》一文中提出了类似的问题。20 世纪二三十年代，竺可桢等开始探讨

"中国实验科学不发达的原因""化学肇始在中国何故后世反衰落"等问题。德国人卡尔·奥古斯特·魏特夫在 1931 年出版了《中国的经济与社会》，其中一篇文章题为《为何中国没有产生自然科学?》。钱学森提出著名的"钱学森之问"①，与李约瑟之谜类似。

第二节　李约瑟之谜的经济学解释

一、经验科学与实验科学

东西方大分岔，发生在明朝中叶。从科学技术角度看，明朝中叶之前，中国科技领先全球，靠的是经验科学。经验科学的关键在于人口数量。或者说，一直以来，中国技术的发展都依赖于经验科学，依靠人口数量优势和丰富实践经验积累，推动自身科学技术的发展。经验科学是偏重于经验事实的描述和明确具体的实用性的科学，一般缺少抽象的理论概括性。

明朝中叶之后，西方的兴起，主要依靠的是实验科学。实验科学依赖于现代的教育模式，通过现代实验科学推动科学技术的发展。实验科学的关键在于科学实验，指根据一定目的，运用仪器、设备等物质手段，在人工控制的条件下，观察、研究自然现象及其规律性的社会实践形式。这是检验科学假说、理论原理的重要途径，不仅包括仪器、设备、实验的物质对象，而且包括背景知识、理论假设、数据分析、科学解释，以及实验者之间的协商、交流和资金的获取等相关社会因素。实验科学不依赖于人口

---

① 2005 年，温家宝总理在看望钱学森的时候，钱老感慨说："这么多年培养的学生，还没有哪一个的学术成就能够跟民国时期培养的大师相比。"之后又发问："为什么我们的学校总是培养不出杰出的人才?"

数量，而依赖于专业化的学习和培训。

李约瑟之谜的关键在于：中国为什么没有在明朝中叶之后由经验科学过渡到实验科学？这与当时年轻人的智力资源和时间资源投向有关。人对激励是有反应的，年轻人的智力资源和时间资源投向与激励密切相关。当时年轻人受到的最大社会激励就是科举制。那么，科举制为什么没有使中国的经验科学演进为实验科学呢？

二、科举制的起源

科举从开创至清光绪三十一年（1905）举行最后一科进士考试为止，前后经历 1 200 余年。其实，科举制只是形式，核心仍然是如何选拔人才。科举制是由历史上的人才选拔制度逐步演进而来的。

周代以"乡举里选"的方式选拔人才，即由"乡老"（族长）等选拔本乡土的贤士，经过地方长官的层层上报，直达中央。但周代的世卿世禄制造成了这样一种情况——即使有某种举荐选拔，也基本上不超出宗法家族的范围。到春秋时期，"礼崩乐坏"，世卿世禄制被严重破坏，下层人士通过举荐、考核而被任用的情况越来越多。由举荐考核而任用的官僚制度逐渐产生。汉朝提拔民间人才采用的是察举制，并对被举荐者采用策问方式进行考试。察举以举荐为主，考试为辅。举荐权掌握在各级官僚权贵手中，布衣平民几乎没有被察举的可能性。

但后来考试越来越重要。南朝齐时，秀才科策试开始有了明确的规定，考试成绩分为上、中、下、不及格四等，而不及格者"不合与第"，不予授官。各地寒门士子纷纷就学。科举萌发于南北朝时期，科举真正成型是在隋朝和唐朝。唐朝科举考试内容有时务策、帖经、杂文等。宋朝科举考试内容有帖经、墨义、诗赋，王安石任参知政事后，取消诗赋、帖经、墨义，专以经义、论、策取士。明清科举改为考八股文。

科举制不仅仅是由儒家理念形成的，更是实际政治的需要。在隋朝科举制之前，贵族主义盛行，地方势力根深蒂固，形成了贵族联合政权的地方政府，要职由本地贵族垄断，唯独长官由中央政府任命。隋文帝对地方政府的世袭式贵族优先权进行改革，改由中央政府派遣任命地方政府高级官员，并为培养官吏预备队，建立了科举制。

三、科举制的社会激励

皇帝的目标函数。为什么中国的经验科学没有过渡到实验科学？这主要是因为中国社会缺乏一种社会激励结构。对于古代中国皇帝而言，政权稳定的最大化是他的理性选择，为了维护其统治的稳定，中国皇帝选择通过一种意识形态来形成社会的激励结构，维护社会的等级制度。这种意识形态，就是四书五经、三纲五常等传统的儒家思想。这也是中国的科举制为什么不考数学、物理、化学的原因。这种社会激励结构的固化，让大量的人花费大量的财力物力及时间成本研究传统儒家思想，从而导致中国的经验科学无法向实验科学过渡。

年轻人的目标函数。收入最大化，抑或家族利益最大化，是科举制这种人力资本的目标。赚钱的途径就是做官，"一人得道，鸡犬升天"。在传统社会，说到赚钱，没有比做官更划算的职业了，这是整个家族的期待。宋朝包青天的铡美案，反映了科举制人力资本投资背后的故事。《范进中举》① 的故事也是一个活生生的科举制镜像的体现。

---

① 《范进中举》是清代小说家吴敬梓创作的《儒林外史》中的故事情节。该作品描写了范进参加乡试中了举人一事，运用夸张的修辞手法刻画了他为科举考试喜极而疯的形象；用岳丈在范进中举前后的极其鲜明的肢体动作和言语表情，以及中举后邻居对范进的前呼后拥和乡绅赠屋等事例重点刻画出了一个趋炎附势、热衷仕途、好官名利禄且世态炎凉的、可耻的社会风气，对当时社会及其阴暗特征进行了辛辣讽刺。

专栏　科举制的人力资本投资与陈世美的故事

宋朝时，有个书生叫陈世美，其结发妻子叫秦香莲。陈世美进京赶考，中了状元，隐瞒了已婚并生育的事实，被招为驸马，和公主结婚了。秦香莲到京城寻夫，连遭挫折和迫害。秦香莲很生气，把状子递到包青天处，后果很严重，包青天查明事实，把驸马陈世美铡了。

陈世美忘了一件事：他读书的过程，不是一个人在战斗。读书的过程，是人力资本投资的过程。其间，有太多的投资人：结发妻子含辛茹苦，侍奉老人，照顾孩子；父母可能已白发苍苍，依然在农田里劳作；亲朋好友给予各种的帮助和经费支持。总之，他背后是一群人在战斗，这些人都是投资人，都是股东，或者说，都是利益相关者。这些投资人，实际上是看重陈世美的未来，希望"一人得道，鸡犬升天"，这是投资人所期望的收益。实际上，每一个投资人都是看重未来的。

陈世美进京中了状元，娶了公主，想抛弃投资人，独享投资收益，这违背了投资人的逻辑，可以说，是犯了众怒。秦香莲进京寻夫进而告状，不仅代表她自己，而且代表所有投资人，行使收益索取权。秦香莲恰好碰到了包青天，这一投资收益的分配之争，烟消云散，既是必然，也是偶然。

其实，科举制体现了历史的重复：为进好大学而上好高中，为进好高中而上好初中，为进好初中而上好小学，为进好小学而上好幼儿园。人生的竞争从三岁开始，科举制也是如此。婴儿诞生之前，竞争已经开始。妈妈的铜镜背面刻有"五子登科"，胎教听《诗经》。孩子虚岁五岁左右（可能实际只有三周岁有余），家庭教育即开始。虚岁八岁正式开始学业，私塾乃常态。背诵几乎是学业的全部，其中，《论语》11 705 字，《孟子》34 685字，《易经》24 107 字，《书经》25 700 字，《诗经》39 234 字，《礼记》99 010 字，《左传》196 845 字，合计 431 286 字。[①] 财富与美女成了学习的诱饵，成了孩子学习的目标函数。宋代赵恒为此写出《劝学诗》："富家不用买良田，书中自有千钟粟。安居不用架高堂，书中自有黄金屋。出门莫恨无人随，书中车马多如簇。娶妻莫恨无良媒，书中自有颜如玉。男儿若遂平生志，六经勤向窗前读。"

参加科举考试的人必须是各地国立学校（县学、州学、府学）的学生，中央称太学。学校考试之一：县试，即入学考试（童试），参加的学生被称为童生。县试重在淘汰掉过多的考生，使考生接近入学人数。学校考试之二：府试。学校考试之三：院试。学校考试之四：岁试。

科举考试主要有六个环节。科举考试之一：科试。获得参加乡试资格的生员成为举子，是乡试限额的 50～80 倍。科举考试之二：乡试。中试者获得举人资格。科举考试之三：举人复试。科举考试之四：会试，考试地点为北京贡院，中试者获得进士资格。科举考试之五：会试复试。科举考试之六：殿试。唐朝孟郊的诗《登科后》十分形象："昔日龌龊不足夸，今朝放荡思无涯。春风得意马蹄疾，一日看尽长安花。"这首诗充分形容了科举考试成功者的狂喜。

日本史学家宫崎市定认为，科举制不是单纯地由儒教理念形成，而是受到了实际政治需要的促进，诞生于历史的运动之中。[②] 科举制的直接作用之一是选拔和分层。在一级一级的考试备考过程中，学生要投入大量的金钱。穷人入学从一开始就是不可能的事情，这在社会上自然而然地形成了由贫富导致的阶级差别。[③] 士绅阶层逐渐形成对文化和语言的垄断，使科举制变成社会精英内部的有限循环。

1872—1875 年，清政府每年选拔 30 名幼童赴美国留学，总计 4 批 120 名幼童中，广东 83 人，江苏 22 人，浙江 8 人，安徽 4 人，福建 2 人，山

---

① 宫崎市定. 科举［M］. 宋宇航，译. 杭州：浙江大学出版社，2018：10.
② 宫崎市定. 科举［M］. 宋宇航，译. 杭州：浙江大学出版社，2018：1.
③ 宫崎市定. 科举［M］. 宋宇航，译. 杭州：浙江大学出版社，2018：31.

东 1 人①，没有一个人来自天潢贵胄之家或高官名将之门。当时，出国留洋，在穷人家看来，也许是一个不错的出路；但对富人家而言，科举考试更重要，并且有能力付得起科举考试所需要的教育成本的人家，一般不愿意送孩子到国外学习外语、工程及一些"未开化人"的学问。②

科举制是中国历史上最重要的制度之一。科举制不仅仅是一个考试和选官制度，更是一座文化竞技场。准备科举生活所需要的仪式，科举成功的不同阶段，都与一系列政治、社会、文化再生产的复杂且相互作用的过程密切相关。

第三节　求解李约瑟之谜的市场力量

一、中国经济的世界地位变迁

回顾历史，中国在世界经济版图中的地位变迁令人深思。英国经济学家安格斯·麦迪森在《世界经济千年史》③ 一书中估计，中国 GDP 占世界的比重，先升后降再升，公元 1000 年为 22.7%，之后稳步上升；1820 年为 32.9%，达到顶峰；之后开始下降，1950 年为 4.5%，降到谷底，持续徘徊；1978 年后开始快速上升。

———————————

① 王元崇. 中美相遇：大国外交与晚清兴衰（1784—1911）［M］. 上海：文汇出版社，2021：265.

② 易劳逸. 家族、土地与祖先［M］. 苑杰，译. 重庆：重庆出版社，2019：371.

③ 麦迪森. 世界经济千年史［M］. 伍晓鹰，等译. 北京：北京大学出版社，2003. 安格斯·麦迪森是荷兰格罗宁根大学的荣誉退休教授以及剑桥大学赛尔温学院的荣誉院士。他创立了格罗宁根增长与发展研究中心，领导了"国际产出与生产率比较"（LCOP）研究计划，发展了生产法购买力平价理论及其在国际比较中的应用。该书中，一些国家的案例研究非常引人入胜，比如：为什么荷兰曾经具有欧洲最高的生产率？为什么在文化上有着深刻纽带关系的中国和日本却在经济发展上有着极大的差异？又为什么英国的北美殖民地造就了经济强大的美国，而西班牙的北美殖民地却造就了落后的墨西哥？

进入 21 世纪，作为发展中大国，中国 GDP 占世界的比重呈现出不断上升的趋势。根据世界银行的数据统计，自 2006 年起，中国 GDP 占世界比重以每年接近 1% 的幅度增长，2009 年接近 9%，GDP 总量正式超过日本，位居世界第二位。2007 年在美国发生次贷危机进而全球发生金融危机的大背景下，中国 GDP 占世界比重依旧保持着稳定增长，2020 年超过 16%。

遥想当年，中国何其兴盛，又何其屈辱。今日中国，处于复兴进程的关键时期。这种复兴，如能成功持续，将是一个奇迹：这也许是人类历史上，由盛而衰再由衰至盛的，为数不多甚至可能是迄今唯一的大国案例。其模式贡献的世界意义不言而喻。

二、中国奇迹的市场力量

承载 14 亿多人口的中国，一直在探索伟大复兴之路。改革开放以来，中国经济快速增长，经历了高速发展阶段，被称为中国奇迹。当前中国经济迈入新时代，意味着中国经济由高速增长阶段步入中高速增长阶段。中国通过若干时期的持续的中高速增长，实现中国梦，这将被称为中国新奇迹。因为在世界经济发展史上，还没有出现过这样的大国案例。对大国经济而言，经历持续高速增长后，再经历持续的中高速增长，本身就是奇迹。

自 1840 年鸦片战争尤其是洋务运动以来，中国人民苦苦求索了一百多年。辛亥革命后仁人志士激情追寻发展良方，都是曲折前行，直到中华人民共和国成立，中国开始进入工业化的快速起飞进程。

中华人民共和国成立后，尤其是改革开放以来的快速发展，使中国经济社会发展进入新时代。这一历程，值得大书特书。数十年的东方神韵，绘就了更高层次的历史篇章。这背后，有思想，有理论，有模式，有很多很多的已经彰显的逻辑力量，等待我们去发现，去探寻，去迎风破浪或顺势而为。中国一定是找到了复兴密码，一定是做对了什么，顺应了发展规律和发展大势。① 人类大历史中，市场作为经济社会发展隐而不显的动力，指引着微观主体心动进而行动，推动着历史前行。1978 年，东西方历史的再一次交汇，伴随着"实践是检验真理的唯一标准"的大讨论②，的确"惊涛拍岸，卷起千堆雪"，市场开始在新中国的舞台上迸发出前所未有的力量，序幕就此拉开，繁景登上舞台。

三、市场化改革的探索③

回望过去 40 多年的历史，1978 年党的十一届三中全会开启了市场化改革。1992 年党的十四大提出建设社会主义市场经济体制。1993 年十四届三中全会通过的《中共中央关于建立社会主义市场经济体制若干问题的决定》，2003 年十六届三中全会通过的《中共中央关于完善社会主义市场经济体制若干问题的决定》，强调了市场在资源配置中的基础性作用，这是政府培育市场的发展战略取向。2013 年十八届三中全会通过的《中共中央关于全面深化改革若干重大问题的决定》，2019 年十九届四中全会通过的《中共中央关于坚持和完善中国特色社会主义制度　推进国家治理体系和治理能力现代化若干重大问题的决定》，都强调了市场在资源配置中的决定性作用，这是政府提升市场的发展战略取向。其间伴随的是，人的市场意识的觉醒和成熟，理性计算逐渐成为微观基础。人是理性的。人对各种经济变量反应敏感了，市场经济的微观基础也就具备了。随着市场化改革深入，隐藏在人们心中的利，逐步显性化了。

---

① 周其仁. 中国做对了什么［M］. 北京：北京大学出版社，2010.

② 1978 年 5 月 10 日，中央党校的内部刊物《理论动态》第 60 期刊登文章《实践是检验真理的唯一标准》。第二天，《光明日报》发表了这篇文章，新华社将这篇文章作为"国内新闻"头条转发全国。5 月 12 日，《人民日报》和《解放军报》以及不少省级党报全文转载了这篇文章。到 5 月 13 日，全国多数省级党报都转载了此文。这篇文章阐明，实践不仅是检验真理的标准，而且是唯一标准；实践不仅是检验真理的唯一标准，而且是检验党的路线是否正确的唯一标准。这篇文章在全国引起强烈反响，由此引发了一场大讨论。

③ 关于中国市场化改革的进程，第四章将详述。

（一）1989 年：她爱上了出租车司机

1989 年的一天，正在上高中的我们听到了一个爆炸性的消息：一位同学的姐姐在外地一个发达城市上大学，毕业后就在当地工作，并找了一位出租车司机做男朋友，正准备结婚。这如同在平静的水面投进巨石，激起层层涟漪。

很多人的第一感觉，就是出租车英文"Taxi"的谐音——"太可惜了"！20 世纪 80 年代，中国婚恋市场上，比较受青睐的是军人和文艺青年。这位大学生姐姐的恋爱理念①，在常人看来，确确实实超前了！这一理念的背后，绽放出婚恋市场上的资本力量！

当时，出租车是一个新生事物，司机也是一个新生事物。出租车服务，是奢侈品。出租车司机，靠驾驶技术和专业技术能力进入市场，成为先富起来的阶层。出租车每天都有现金流，比起每月固定日子领工资，这状态是不可同日而语的。早进入市场，早受益。这是市场红利，也是技术红利。驾驶技术是稀缺的，市场就为之定了高价。

有时候，不得不承认，资本是男性的姿色，资本正在渐渐取代武力和健硕体魄，成为男性在婚恋市场上的竞争力。到了 20 世纪 90 年代中期，我听说，一位大学教授的女儿，也与一位出租车司机跨进了婚姻殿堂。这是出租车司机的黄金十年啊！

她们青睐出租车司机，这是爱情的力量，这是市场的力量！市场是有情的，但市场也是无情的。21 世纪以来，又有哪位大学生妹妹会青睐出租车司机呢？当私家车如雨后春笋般地涌现出来的时候，司机就不再稀缺了。出租车已经褪去奢侈品的外衣，成为发达城市的代步工具，出租车司机的市场地位就发生变化了。

---

① 一个男生和一个女生为什么会谈恋爱、结婚？1992 年诺贝尔经济学奖获得者加里·S. 贝克尔告诉我们，是因为两个人在一起的效用大于两个人单独生活的效用之和，即"2 > 1 + 1"；为什么会分手，是因为两个人在一起的效用小于两个人单独生活的效用之和，即"2 < 1 + 1"。

别和市场掰手腕，跟着市场走，每一个领域皆是如此。我们相信爱情，也相信真爱；但情感市场的参与人的目标函数随社会而变，情感与资本的结合，这是顺流而下。"安"字，从字形来看，是家中有女人，才为安。怎么养家？靠资本！资本是每一个人各方面才华的综合折现。

情感与资本结合，也是人之常情。因为自猴子从树上跳下来变成人，就要面临生活问题。资本能够实现美好生活，大学毕业生自然就行随心动了！这是一位勇敢的女生！顺，则市场有情；逆，则市场无情。义利之间，逐渐要换位了。义仍在，利在行。每一个人的心，都在不停地波动。20 世纪八九十年代，一段激情燃烧的市场岁月，每一个人都能体会到社会每一个角落发生的变化。

(二) 1992 年：企业家候选人的初试锋芒

当时正在上大学的我们，开始关心国家大事、世界大事了。记得当年上"政治经济学（资本主义部分）"这门课时，了解到学术界有一个争论：劳动力是不是商品？现在的人们，肯定想象不到，还会有这样一个问题。老师介绍了争论的情况，引导我们思考。如何看待这一问题？以我们当时的学识水平，只能是个看客，对争论的逻辑，不甚了了。

老师在介绍改革开放进程时，常说一句话：摸着石头过河！就是边走，边看，边干，边探索。对岸在哪里？怎样走到对岸？似乎还不太明晰。老师似乎也讲不清楚，也不愿意涉及：计划和市场究竟是什么关系？如何判断当前经济社会是姓"资"还是姓"社"？老师心中，学生心中，都是云雾缭绕。

1992 年，无论是校园，还是街市，到处都飘扬着《春天的故事》这首歌。听新闻，看报纸，大学生们了解到，邓小平同志到南方视察了。其间，邓小平同志说了两句很著名的话。1992 年 1 月 29 日，当邓小平同志听说珠江冰箱厂（现海信科龙）仅仅用了七八年时间，产量就翻了 7 番，年产值超过 10 亿元，每年出口 700 多万美元时，高兴地说："我们的国家一定要发展，不发展就会受人欺负，发展才是硬道理。"

发展才是硬道理。怎么发展？邓小平同志说："计划多一点，还是市场多一点，不是社会主义与资本主义的本质区别。计划经济不等于社会主义，资本主义也有计划；市场经济不等于资本主义，社会主义也有市场。计划和市场都是经济手段。"计划和市场都是经济手段，一句话结束了多年来经济社会姓"资"还是姓"社"的争议。这在当时，可是大是大非问题。

"发展才是硬道理""计划和市场都是经济手段"，无论庙堂之上，还是江湖之远，人们很快看清了"摸着石头过河"的彼岸：市场经济。

当年秋天，党的十四大胜利召开，正式确立建立社会主义市场经济体制的目标。看清了彼岸，就解放了老师，解放了学生，解放了企业家，解放了寻求市场红利的人们。东方风来满眼春，和煦的春风，吹散了许多人心中缭绕的云雾。

一时间，十亿人民九亿商。校园，街市，市意风行。一切要素，都在急切地进入市场。这和 20 世纪 80 年代蹑手蹑脚地进入市场，完全不同了。

我放假回家，发现父亲工作的厂里，年轻人少了。父亲说，厂里经营情况不太好，没活干的年轻人很多都到南方去了。本想去拜会一下几位年轻的中学老师，但听说他们也到南方去了。大家都东南飞了，无论是孔雀，还是麻雀。大家似乎看到了市场红利，市场也在为进入者定价。谁的能力高，谁的定价就高！谁的能力稀缺，谁的定价就高！

大家突然发现，原来，市场就是一个才华折现的地方。让才华自由地折现，这是市场的职能！所谓才华，就是能够为社会提供更好的产品和服务的能力。到市场定价高的地方去！汹涌在心，行动必果。彼岸，就是市场定价高的地方。20 世纪 80 年代，主要是商品在流动；90 年代，人们的才华开始流动了。知识、技术，这些要素开始进入市场了。

的确，无论是鲜衣华盖之辈，还是引车贩浆之流，经济问题始终是大家最关心的。1992 年，市场的春风吹拂着每一个角落，每个人心中都有了自己的彼岸。校园里各类商业活动突然多了起来。女生们到新华书店，带回各类词典、书籍，进行代销。代销电影票也成为常态，多位同学在做这项业务。有同学卖信封和稿纸，有同学卖毛巾和袜子。一时间，校园里到处都是摊点，尤其是在食堂门口、宿舍楼门口，不出校门，同学几乎就可以买到所有消费品。

代销，成为当时大学生经商的一种流行形式。为什么代销流行？因为大学生的销售成本接近于零，在校园里销售场地免费，宿舍存放商品免费，校园广告免费，目标客户稳定，风险小。如果货卖不出去，可退回，风险也小，大学生可以承担。其实，代销是商品交易的初始形态。小时候在我的河南老家农村，常有一两个商品代销点，很多是以赊账的形式进行，但熟人社会信誉好、风险小。

21世纪以来，大学校园网店盛行，这和当年的代销具有异曲同工之妙，不变的是商品交易，变化的是交易技术手段，互联网把流通成本进一步降低了。代销是最容易的，进入成本低，很容易形成近似完全竞争市场，但利润较薄，薄利多销是占优策略。

通过不同地区的价差进行套利，是部分具有商业头脑的同学的选择。许多同学都知道一价定律：在没有运输费用和贸易壁垒的自由竞争市场上，一件相同商品在不同国家（地区）出售，如果以同一种货币计价，其价格应是相等的。在一国之内，没有汇率问题，同一商品在扣除运费后，如果价格有差异，就可以套利，如南方的同学就把莲子背到北方去卖，或者到广州背一些电器到校园卖。套利贸易，首先要进行市场搜寻，发现特定商品的价差，然后长途运输。这种交易虽然成本高、有风险，但赚的相对较多。记得小时候（改革开放初期），河南老家的舅舅"跑长途"，就是这种贸易方式。当年温州人跑到全国各地经商，也多是价差套利。

还有同学在校园里摆起了台球，这是一个有风险的项目，因为购买台球桌的投入成本高。台球作为当时服务业的新业态，深受大学生欢迎，打台球成为当时的新时尚。记得在我高中的时候，台球已经开始兴起来了，和卡拉 OK 一起兴起。当时，台球纯属娱乐项目，虽然带有竞技性质，但是属于竞技性娱乐，一杆两球进洞（俗称"一蛋双黄"）是非常值得炫耀的。总体而言，台球具有奢侈品性质。后来出了个丁俊晖，大家才知道，台球是有特定的游戏规则的，才知道有个名词：斯诺克。从娱乐项目到竞技项目，职业化是市场的题中之义。看来，丁俊晖的父亲是极具市场敏感意识的，在传统体制外走职业化之路。后来网球选手李娜的成功，也是选择了这一路径。

1993 年上半年，宿舍楼下雨后春笋般地呈现出两排 10 多家摊位，类似于现在的大排档，但当时只能称之为小排档，因为每个档口只炒 2～3 种菜，学生自带餐具，买完菜带回宿舍吃或自行找地方吃。一时间，充分市场化的自由竞争的小排档和学校的两个饭堂之间形成了激烈的竞争。小排档总计有 20 多个菜式，小锅炒菜，产品具有差异性和互补性；学校的两个饭堂，大锅炒菜，菜式相对稳定。货币选票很快发生了倾斜，饭堂受到了严峻的市场冲击，饭堂立刻做出了反应，卖饭师傅的态度好了起来，菜式逐步丰富起来。竞争出效率，这一真理无论何时何地，一旦适用条件具备，就会发挥作用。

在小排档中，让我印象最为深刻的就是两位老师合开的"九如餐馆"。一位老师讲授财务管理，一位老师讲授现代经济学，两人的理念和行动是具有一定魄力的。两位老师合开饭馆，作为市场经济活动的实践示范者，我们很震撼。餐馆的名称在小排档中独具一格，具有文人气息。学生也很爱到老师开的饭馆买饭菜。

楼下的小排档，使我认识到货币的一种奇特形式：菜票货币。在饭堂买菜，学生不使用现金，而是去膳食科用现金买回菜票，兑换率（汇率）是 1：1。菜票上注明了金额。当时的校园，菜票具有普遍可接受性，成为通行的交换媒介。到校园商店买日用品，同学之间借钱还钱，都可以用菜票。在一个封闭的系统中，交换媒介很容易形成。小排档的营业收入，也同样有现金和菜票两种形式。对商户而言，菜票如何变为现金，就成为一个问题。于是有商户打出广告：95 元现金兑换 100 元菜票。学生对兑换率是敏感的。1∶1 的兑换率发生了变化，菜票贬值了，再后来，小排档都不愿意收菜票了。

可能是因为校园里的商业活动太多，频繁杂乱，学校开始整治，商业活动的管制风险出现了。小排档被拆除了，不让乱摆摊了，台球桌被清出了校园，熙熙攘攘的校园又恢复了往日的平静。校园商事，只是少年企业家（未来企业家候选人）的一次市场历练之旅，小荷才露尖尖角。

（三）2013 年：不收红包的婚礼

2013 年春天，我和家人受邀参加了在顺德举行的一场婚礼。宾客按照新郎新娘分属，我算是娘家人了。这是有生以来我参加的场面最为宏大的婚礼。新郎新娘满面春风，幸福满满，各有重金装饰。宾客进入婚礼现场，先与新郎新娘合影留念，照片随即打印出来。宾客云集，依次照相，新郎新娘辛苦并快乐着。

伴随着欢快的婚礼进行曲，婚礼正式开始，新郎迎候，新娘父亲携新娘入场，翁婿礼仪过后，新郎新娘来到了舞台中央。千人瞩目中，新郎新娘互诉心中的快乐徜徉。誓词，香槟，婚戒，家长致辞，散花，一切欢快而有序！千人瞩目中，婚宴正式开始，伴随着专业艺人的歌唱，新郎新娘依次轮桌敬酒，又一次辛苦并快乐着。

婚礼，的确是真正意义上的成人礼。婚礼前长时间的策划、准备，与方方面面沟通交流协调，既考验脑力，也考验体力；既考验沟通力，也考验协调力。因此，专业的婚庆公司就出现了。婚庆公司，就是要尽量解除新郎新娘的辛苦，让他们尽情地享受婚礼。

每一个细节的考虑，每一个环节的决策，一切尘埃落定后，婚礼终于来了。婚礼现场就是成人礼的高潮。千人瞩目，的确，这次婚礼超过 120 桌宴席，也就超过了 1 200 人参加。1 200 多人的祝福，1 200 多人的注目礼，1 200多人与新郎新娘一起灿烂地笑，新郎新娘多骄傲！

婚礼场面的宏大，一直在我脑海中荡漾。有一个细节，更令人觉得荡气回肠，看到了市场经济成熟的模样！到婚礼现场时，我和家人到处找收红包的地方，竟然没有找到。后来了解到这次婚礼不收红包！宾客能够到场，就是最大的红包，就是最大的礼仪，就是最大的祝福。

婚礼收红包，天经地义。此刻，竟然不一样了。一个不收红包的婚礼样本，震撼着一直思考市场问题的我！市场经济，在于人类合作秩序的拓展，在于突破血缘、宗法、地域的限制。这一拓展过程中，理性计算则是必然，但理性计算就是涉及更好的产品和服务，这在人情之外，关系之外。

君子之交淡如水，平平淡淡才是真。婚礼就是婚礼，就是祝福，就是欢乐，就是亲友相聚的舞台，这里没有人情债，这里没有关系网。这场婚礼，是市场经济的成人礼，是市场经济的新境界！

突然想起，20世纪90年代中期，顺德产权改革，为现代企业制度和按要素分配提供了很好的微观样本。20年后，一场婚礼，又为市场经济的情感礼仪贡献了最高典范。回想起来，我到广州工作以后参加过多场婚礼，几乎每次送上200元钱的红包，婚宴尚未结束，红包就被返回了，内装150元。广东的礼，是轻的；而情谊，是重的。广东人见朋友，带个手信，或一盒点心，或一盒茶，或一束花，不贵重，但有特色。平平淡淡见真情。春节，见到朋友的孩子，给个红包，或5元，或10元，众人皆高兴。

想一想，我多次出访，多次接待国外高校专家，彼此都会互送一个小礼物，聊表心意。社会的成熟就是超越了物质层面，迈向自由的心灵。婚礼，不收红包，这又是一道市场经济的靓丽风景线。

第四节　英国教训：从老大变成卫星国

一、凯恩斯与马歇尔的经济学冲突

在全球经济学界，说起约翰·梅纳德·凯恩斯，无人不知，无人不晓。说起凯恩斯，就想起了《通论》（即《就业、利息和货币通论》）；说起《通论》，就想起了凯恩斯。凯恩斯 1883 年 6 月 5 日出生于英国。他妈妈毕业于剑桥大学，后来成为剑桥市第一位女市长。凯恩斯从小就生活于剑桥大学，虽然没有什么显赫的学位，1908 年却被剑桥大学经济学家阿尔弗雷德·马歇尔选为教学助理。

1842 年出生的马歇尔，在剑桥大学花了 10 年工夫于 1890 年出版了《经济学原理》。《经济学原理》如神剑出鞘，划时代地统一了经济学的江湖，被称为继《国富论》之后最伟大的经济学著作。马歇尔的均衡价格论，继承了古典经济学的优良传统，信奉市场自动趋向均衡的稳定机制。从此，以马歇尔为核心的新古典学派，独步江湖。此前，经济学仅仅是人文科学和历史学科的一门必修课；此后，经济学成为一门独立的学科，具有与物理学相似的科学性。在马歇尔的影响下，剑桥大学建立了世界上第一个经济学系。

凯恩斯和马歇尔是颇有渊源的，凯恩斯的父亲内维尔是马歇尔最出色的学生之一。正因为如此，马歇尔还担任过凯恩斯的家庭教师，给他讲经济学。

长江后浪推前浪。1936 年，凯恩斯出版了《通论》。凯恩斯在 1935 年新年致萧伯纳①的一封信中说："正在撰写一本关于经济理论的书，这本书总体上将彻底改变——我想并非立即，但是会在未来的十年之中——世界思考经济问题的方式。"② 也许，凯恩斯潜意识里学习了爱因斯坦，在经济学领域做到了爱因斯坦在物理学领域所做的事情，那就是彻底颠覆全世界所认为的已经理解了的永恒机制。《通论》一时间似乎掀翻了古典经济学。

作为对 19 世纪自由市场促进经济发展的古典自由主义信念的批判，在 1929 年世界经济大萧条之后，凯恩斯开出药方：通过政府干预，扩大有效需求，促进经济增长。《通论》如同黑暗中的一道闪电，跨越大西洋，传到美国，成为罗斯福新政③的"圣经"。凯恩斯思想的核心在于：经济的关键是货币；由于货币的存在，摧毁了经济体系中被古典学派认为能够经常发挥作用的自我稳定机制，因此需要政府干预扩大需求。

作为学生的凯恩斯，和马歇尔唱起了对台戏。1924 年已经仙逝的马歇尔若地下有知，也许会哭，更可能会笑，毕竟，凯恩斯创造了历史。

二、两次世界大战之间的英国地位变迁

凯恩斯的青年时代，是幸福的；凯恩斯的中年时代，是无奈的；凯恩斯的老年时代，是郁闷的。经济学水平极高的凯恩斯，眼睁睁地看着自己的祖国英国，无可奈何花落去，让出世界老大的位置。即使凯恩斯亲自冲到第一线，也是无能为力。

---

① 萧伯纳的全名为乔治·伯纳德·萧（George Bernard Shaw，1856—1950），爱尔兰剧作家。1925 年因作品具有理想主义和人道主义而获诺贝尔文学奖，他是英国现代杰出的现实主义戏剧作家，是世界著名的擅长幽默与讽刺的语言大师。

② 本·斯泰尔. 布雷顿森林货币战：美元如何统治世界［M］. 符荆捷，陈盈，译. 北京：机械工业出版社，2014：85.

③ 罗斯福新政（The New Deal）是指 1933 年富兰克林·罗斯福就任美国总统后所实行的一系列经济政策，其核心是三个 R：救济（Relief）、复兴（Recovery）和改革（Reform）。救济主要针对穷人与失业者，复兴则是将经济恢复到正常水准，针对金融系统的改革则试图避免再次发生大萧条。新政以增加政府对经济直接或间接干预的方式大大缓解了大萧条所带来的经济危机与社会矛盾，并通过国会制定了《紧急银行法》《农业调节法》《国家产业复兴法》《社会安全法》等法案。

故事还得从很久以前说起。1783 年，第一次工业革命发生在英国。1815 年，英国打败了法国的拿破仑。1840 年，英国打败了曾经的世界老大中国。英国成为世界霸主，成为日不落帝国。

这一时期，货币金本位制为全球化的风行奠定了基础。英国商品乘着全球化的东风，跑遍了全世界，成为世界上主要的顺差国，也成为世界上主要的债权国。英国挣了全世界的钱。其中，英国挣了美国很多钱，美国是对英逆差国。英国人到世界上的每一个角落，都是雄赳赳气昂昂的。伦敦城，成为世界金融中心。

1883 年，凯恩斯出生的时候，正是英国经济的巅峰时代。伴随着英国繁荣而成长的凯恩斯，度过了幸福的青年时光。然而，1900 年前后，美国工业产值已经悄悄超过英国，位居世界第一。但英国的霸气依然，世界依然由英国主导，伦敦城依然是世界中心，英镑依然是全球硬通货。

1914 年，凯恩斯 31 岁，第一次世界大战爆发，这一冲击改变了一切。凯恩斯看到了战争导致的一个糟糕的后果：世界上大部分黄金跑到了美国。大战期间，作为全球市场基础的货币金本位制崩溃了，贸易也崩溃了，英国商品熟悉的全球市场体系骤变了。

一个控制着地球 1/4 领土和人口的国家，经济上似乎面临着一场"敦刻尔克"①。更可怕的是，战争改变了一切，英国对美国积累了越来越多的债务。英国从债权国变成了债务国，真是世事难料。目睹这一切，凯恩斯是绝望的，也是没有办法的。

1918 年，战争结束了。1919 年，凯恩斯代表英国财政部参与巴黎

---

① 敦刻尔克大撤退是第二次世界大战初期的英法联军的军事撤退行动。1940 年 5 月 25 日，英法联军防线在德国机械化部队的快速攻势下崩溃之后，英军在法国东北部、靠近比利时边境的港口小城敦刻尔克进行了当时历史上最大规模的军事撤退行动。此次撤退，标志着英国势力撤出欧洲大陆，西欧除英国、瑞士和西班牙以外的主要地区被德国占领。

《凡尔赛和约》① 的谈判，想让英国继续主导世界商品市场，但被美国人毫不客气地拒绝了。虽然英国是胜利国，但以英国为龙头的经济秩序和货币秩序无法在胜利中幸存下来。凯恩斯只能痛苦地向母亲倾诉："我们之前熟知的社会秩序行将消失。"②

但凯恩斯经济学大师的地位日渐兴隆，因为他结合巴黎谈判写了一本回忆录《凡尔赛和约的经济后果》③。凯恩斯展示了他惊人的预见性：和约规定的巨额赔偿，超过德国赔偿能力，会摧毁德国的生产能力，这将导致充满仇恨的德国再次危及欧洲大陆。

一语成谶，1939 年德国希特勒发动了第二次世界大战。对英国来说，"二战"使其彻彻底底地成为债务国，雄风难在了。1940 年，凯恩斯清楚地看到英国的无可奈何，他说："最紧迫的任务，就是要保持足够多的资产，拥有行动的自由，避免成为美国的卫星国。"④

战争更加强化了美国的顺差国、债权国地位。英国乃至欧洲都越来越依赖美国的借款。凯恩斯还说："要提防被人趁火打劫，夺走大英帝国最宝贵的东西。"⑤ 凯恩斯的最大痛苦在于看清了未来却无法改变，未来他所不愿看到的情况真实地出现。

1944 年 7 月 1 日，数百人集聚在美国新罕布什尔州布雷顿森林镇，召

---

① 《凡尔赛和约》，是第一次世界大战后战胜国（协约国）对战败国（同盟国）的和约，其主要目的是削弱德国的势力。1918 年 11 月 11 日，双方宣布停战。1919 年 6 月 28 日在巴黎凡尔赛宫签署条约，1920 年 1 月 10 日正式生效。主要内容为：德国及其各盟国应承担战争罪责；重新划定德国疆界；德国放弃其全部海外殖民地；限制德国军备；德国需向战胜国支付赔款。

② 本·斯泰尔. 布雷顿森林货币战：美元如何统治世界［M］. 符荆捷，陈盈，译. 北京：机械工业出版社，2014：69.

③ 约翰·梅纳德·凯恩斯. 凡尔赛和约的经济后果［M］. 李井奎，译. 北京：中国人民大学出版社，2017.

④ 本·斯泰尔. 布雷顿森林货币战：美元如何统治世界［M］. 符荆捷，陈盈，译. 北京：机械工业出版社，2014：96.

⑤ 本·斯泰尔. 布雷顿森林货币战：美元如何统治世界［M］. 符荆捷，陈盈，译. 北京：机械工业出版社，2014：96.

开了一场国际货币会议。凯恩斯亲自上阵，与美国财政部的哈里·怀特[1]斗智斗勇，就各自方案激烈辩论，舌战各方。

凯恩斯的经济学水平远远在怀特之上，但凯恩斯的祖国英国是巨大逆差国、巨额债务国，怀特的祖国美国是巨大顺差国、巨额债权国。国家之间的较量，比的可不是经济学水平，而是经济实力。

会议的结果是：美元挂钩黄金，各国货币盯住美元。英镑彻底失去了国际地位，伦敦城失去了昔日风光，纽约接过了世界金融中心的指挥棒；战后成立非歧视性的多边贸易体系，这瓦解了英国的"帝国特惠"[2]贸易体系，英国的贸易红利不在了（美国人对英国的贸易体系抱怨已久）。从此，美国正式接过了世界霸主的地位，站在了世界的中央。

曾经的日不落帝国，就这样无可奈何地变成了实质上的"卫星国"。看来，顺差国与逆差国，债权国与债务国，这种国际地位的转变，有时候真是无可奈何。

★重要概念

1. 李约瑟之谜　　2. 实验科学　　3. 科举制　　4. 一价定律

★讨论与思考

1. 如果1800年以前英国变成当时中国的江南，可能的条件和路径是什么？

2. 如果你是中国古代的皇帝，你会规定科举制要考数学、物理、化

---

① 哈里·怀特，1934年进入美国财政部工作，1938年任财政部货币研究部部长，1941年任助理财政部部长，1945年任财政部副部长，1946年被任命为美国驻IMF执行董事。1947年从IMF辞职，1948年8月去世。一生最重要的成就是，1944年7月在布雷顿森林会议上，主导提出以他名字命名的"怀特计划"，最终击败英国提出的"凯恩斯计划"，成为战后世界金融和贸易体系重建的基础。

② 帝国特惠是英国殖民体系的最大优势。1929年大萧条，英国完全放弃了自由贸易政策。1932年7月，帝国经济会议召开，本着"己国生产者第一，帝国生产者第二，外国生产者最后"的原则，英国和自治领及自治领之间签订11个双边协定。其实质就是，帝国贸易是优惠的，非帝国贸易是靠边站的，是一种不平等关系。

学吗?

3. 20 世纪初，部分南美国家经济繁荣发展，为什么后来未能突破"中等收入陷阱"①? 请查阅文献资料并试图解答，为后续学习做准备。

4. 四大文明古国（Four Ancient Civilizations），分别是古巴比伦（位于西亚，今地域属伊拉克）、古埃及（位于西亚及北非交界处，今地域属埃及）、古印度（位于南亚，地域范围包括今印度、巴基斯坦等国）和中国，对应着世界四大文明发源地，分别是两河流域、尼罗河流域、印度河流域、黄河流域。这四大文明古国，当前的经济社会发展有何差异？为什么？这是一个宏大的问题，请查阅文献资料并思考。

★延伸阅读

黄仁宇. 万历十五年 [M]. 北京：生活·读书·新知三联书店，2006.

---

① 中等收入陷阱是指一个国家（地区）由于凭借某种优势（自然资源、人口等），实现经济的快速发展，使人均收入达到了一定水准，但长期停留在该水准的情况。比如拉丁美洲的墨西哥、巴西和阿根廷，近几十年来长期处于世界银行称为中等收入的经济体行列（人均国民总收入为 10 000 ~ 12 000 美元，按 2011 年购买力平价计算），而无法进入高收入经济体行列。

第四章

经济奇迹：中国之治与经济体制比较

本章导读

　　本章运用事实与数据，结合国际知名人士的"他者"视角，展示中国经济奇迹的表现及其对世界的贡献，并指出由"中国奇迹"迈向"新的更大奇迹"背后的持续动力是中国之治。中国之治的"北京共识"突破了"华盛顿共识"，体现了中西经济体制及其经济治理效能的差异。政府与市场的关系是经济体制的核心。无论是英美的盎格鲁—撒克逊模式，还是德国的莱茵模式，抑或日本的银行中心主义，要么是市场替代政府，要么是政府替代市场。中国之治的经济体制核心是政府与市场互补、政府增进市场功能，古今皆如此。本章重点强调，中国经济奇迹，其实不是奇迹，而是复兴。鸦片战争后的衰落只是一个短暂时刻。这一复兴的动力，蕴藏于中国古代经济思想之中。中国经济奇迹，不仅是中国的，更是世界的。支撑西方兴起的现代经济学，是深受中国古代经济思想影响的。中国经济体制与经济治理效能的终极目的是提高人民的美好生活水平，这是中国一以贯之的民本思想。"中国经济崩溃论"的崩溃，其必然性蕴藏于中国经济体制的历史、现在与未来之中。中国经济奇迹有着深远而又深邃的文明根性，其核心要义是包容发展。

第一节　中国经济奇迹与中国之治

一、从"中国奇迹"迈向"新的更大奇迹"

（一）世界历史的最大参与者

2009年，美国新任总统奥巴马任命斯蒂芬·博斯沃思为朝鲜特使。这位曾担任过美国驻菲律宾大使和驻韩国大使的朝鲜特使，进行了为期两周的亚洲之旅，与各国领导人会晤。他后来感叹道，在过去的日子里，当危机或问题出现的时候，亚洲领导人问的第一个问题是：华盛顿怎么看？（美国怎么看？）今天，当事情发生时，他们首先会问：北京怎么看？（中国怎么看？）

这个故事记录在2017年美国出版的畅销书《注定一战：中美能避免修昔底德陷阱吗？》第一章"世界历史的最大参与者"的结尾。① 此书的作者是担任过美国国防部部长特别顾问、哈佛大学肯尼迪政府学院首任院长的格雷厄姆·艾利森教授。

显然，作者引用了新加坡政治家李光耀的名言"中国是世界历史的最大参与者"。李光耀说，"中国对世界平衡的改变是如此巨大，因此世界必须找到新的平衡。不可能假装只把中国当作一个世界舞台的较大参与者。

---

① 格雷厄姆·艾利森.注定一战：中美能避免修昔底德陷阱吗？［M］.陈定定，傅强，译.上海：上海人民出版社，2019. 格雷厄姆·艾利森，美国哈佛大学肯尼迪学院贝尔弗科学与国际事务中心主任，哈佛大学肯尼迪政府学院创始院长，美国著名国际政治问题研究专家，曾担任助理国防部部长，并为从里根到奥巴马的每一位总统的国防部部长提供咨询服务。著有《决策的本质：还原古巴导弹危机的真相》《核恐怖主义：可预防的终极灾害》《李光耀论中国与世界》等书。

中国是世界历史的最大参与者"①。

格雷厄姆·艾利森指出，自 2008 年金融危机和大衰退以来，请记住一个明显的事实：世界上 40% 的增长，只发生在一个国家——中国。罗马不是一天建成的。显然，人们忘了将这句话告诉中国人。这个国家每两周将可以建造出一个与今天的罗马面积相当的城市。② 他引用捷克前总统瓦茨拉夫·哈维尔的话说："这件事情发生得太快，我们还没有来得及感到惊讶。"③

无论是美国政府官员博斯沃思，还是美国学者艾利森，都为中国经济的繁荣发展所折服。的确，回顾历史，中国在世界经济版图中的地位变迁令人深思。英国经济学家安格斯·麦迪森在《世界经济千年史》④ 一书中估计，中国 GDP 占世界的比重，先升后降再升，公元 1000 年为 22.7%，1500 年为 25%，1600 年为 29.2%，1820 年为 32.9%，达到顶峰；之后开始下降，1870 年为 17.2%，1913 年为 8.9%，1950 年为 4.5%，降到谷底，持续徘徊；1978 年后开始快速上升。

20 世纪 90 年代中期，世界银行《2020 年的中国：新世纪的发展挑战》⑤ 专题探讨中国 1978 年改革开放以来的经济快速发展，探讨"中国奇迹"的成因及未来趋势。"中国奇迹"这个词正式进入全球人民的视野。

进入 21 世纪，作为发展中大国，中国 GDP 占世界的比重呈现出不断上升的趋势。根据世界银行统计，自 2006 年起，中国 GDP 占全球比重，

---

① 格雷厄姆·艾利森. 注定一战：中美能避免修昔底德陷阱吗？［M］. 陈定定，傅强，译. 上海：上海人民出版社，2019：18.

② 格雷厄姆·艾利森. 注定一战：中美能避免修昔底德陷阱吗？［M］. 陈定定，傅强，译. 上海：上海人民出版社，2019：25 - 27.

③ 格雷厄姆·艾利森. 注定一战：中美能避免修昔底德陷阱吗？［M］. 陈定定，傅强，译. 上海：上海人民出版社，2019：9.

④ 安格斯·麦迪森. 世界经济千年史［M］. 伍晓鹰，等译. 北京：北京大学出版社，2001.

⑤ 《2020 年的中国》编作组. 2020 年的中国：新世纪的发展挑战［M］. 世界银行中国代表处，译. 北京：中国财政经济出版社，1997.

以每年接近1%的幅度增长；2009年GDP总量正式超过日本，位居世界第二。2007年，在美国发生次贷危机进而全球发生金融危机的大背景下，中国GDP占世界比重依旧保持着稳定增长。目前，中国是世界第二大经济体、制造业第一大国、货物贸易第一大国、商品消费第二大国、外资流入第二大国。

2021年7月1日，在庆祝中国共产党成立一百周年大会上，习近平总书记庄严宣告："我们实现了第一个百年奋斗目标，在中华大地上全面建成了小康社会，历史性地解决了绝对贫困问题，正在意气风发向着全面建成社会主义现代化强国的第二个百年奋斗目标迈进。"

中国经济不仅实现了量的伟大飞跃，更实现了质的伟大飞跃，具有改变全球经济走势的重要意义和模式示范意义。中国从一个贫穷的发展中国家发展为中高收入国家，且连续多年经济增速超越美国，跃居全球经济贡献榜榜首，成为拉动全球经济增长的重要引擎，提升了发展中国家在全球经济中的地位。中国作为一个开放力量，有效利用全球供应链，发挥自身优势，不断改革经济发展模式，增强经济发展的自主性和技术创新能力，为广大发展中国家提供了值得借鉴的经验。作为全球人口最多的发展中国家，中国实现前所未有的经济增长和社会发展，使占世界人口1/5的人民摆脱贫困、走向富裕，这是人类进步的一个重要成果。中国没有照搬资本主义的经济发展模式，坚持走社会主义市场经济的发展道路，这是人类社会的一次重要探索，为广大发展中国家提供了借鉴。

（二）中国经济奇迹：求解李约瑟之谜

2014年3月27日，在巴黎举行的中法建交50周年纪念大会上，习近平主席说："拿破仑说过，中国是一头沉睡的狮子，当这头睡狮醒来时，世界都会为之发抖。中国这头狮子已经醒了，但这是一只和平的、可亲的、文明的狮子。"

狮子已经醒了！这意味着中国人民百年求解的李约瑟之谜呈现出新的曙光。

今日中国，处于复兴进程的关键时期。全面建成小康社会的第一个百年目标已经完成，全面建设社会主义现代化国家的第二个百年目标已经开启。的确，承载 14 多亿人口的大国，一直在探索伟大复兴之路。改革开放以来，中国经济快速增长，经历了高速发展阶段，被世界银行称为"中国奇迹"。

2018 年 10 月 24 日，习近平总书记在深圳参观"大潮起珠江——广东改革开放 40 周年展览"后强调，"党的十八大后我考察调研的第一站就是深圳，改革开放 40 周年之际再来这里，就是要向世界宣示中国改革不停顿、开放不止步，中国一定会有让世界刮目相看的新的更大奇迹"。2018 年 12 月 18 日，习近平总书记在庆祝改革开放 40 周年大会上的重要讲话再次发出时代最强音："在新时代创造中华民族新的更大奇迹！创造让世界刮目相看的新的更大奇迹！"

从"中国奇迹"迈向"新的更大奇迹"，在世界经济发展史上，还没有出现过这样的大国案例。这也许是人类历史上由盛而衰，再由衰至盛的为数不多，甚至可能是迄今唯一的大国案例。习近平总书记指出："我们用几十年时间走完了发达国家几百年走过的工业化历程。在中国人民手中，不可能成为可能。我们为创造了人间奇迹的中国人民感到无比自豪、无比骄傲！"的确，对大国经济而言，经历持续高速增长后，再经历持续的中高速增长，实现高质量发展，这一过程本身就是奇迹。从宏观大历史看，从"中国奇迹"迈向"新的更大奇迹"，这是空前的，这一定是让世界刮目相看的。其模式贡献的世界意义不言而喻。2021 年 7 月 1 日，在庆祝中国共产党成立一百周年大会上，习近平总书记庄严宣告："今天，我们比历史上任何时期都更接近、更有信心和能力实现中华民族伟大复兴的目标。"

专栏 深圳：追赶时间的城市

1982 年，深圳的一句口号"时间就是金钱，效率就是生命"传遍了全国。

1992 年，邓小平同志到了深圳，人们争相传阅《东方风来满眼春》。邓小平同志说："计划和市场都是经济手段。"人们明白，"时间就是金钱，效率就是生命"背后是市场活力。深圳是追赶时间的，许多年轻人都到深圳逐浪了。

2002 年，《深圳，你被谁抛弃》引爆了深圳情绪。深圳决心转型升级，从低端产业迈向中高端产业。高技术、高能力、高收入，且具有创新精神的全球企业家来了，深圳这只神奇的凤凰涅槃了。

2010 年，中国制造业位居世界第一。新工业革命来了，智能化、数字化来了，移动互联来了。深圳需要再一次更快地追逐时间，从制造迈向智造，深圳成了智能贸易中心，成了智能制造的研发设计中心和软件中心。

代表中国奇迹的深圳又一次演绎了奇迹。

二、"中国奇迹"之源：中国之治

"中国奇迹"最大的成功经验是中国之治。中国之治的重大意义在于突破了"华盛顿共识"。

1989 年，哈佛大学弗朗西斯·福山教授针对冷战结束提出了"历史终结论"：人类社会的发展史，就是一部以自由民主制度为方向的人类普遍史；自由民主制度是人类意识形态发展的终点和人类最后一种统治形式；自由主义制度将是世界模式。国际货币基金组织、世界银行针对 20 世纪 80 年代拉美国家债务危机实行自由主义改革。以自由主义为理论依据的"华盛顿共识"在 20 世纪 90 年代广为传播。"华盛顿共识"的核心是市场替代论，市场替代政府主导经济发展。拉美国家发展停滞不前的经济社会实践表明，"华盛顿共识"是不符合当地世情的，是失败的。

历史并没有终结，中国经济快速健康发展，恰恰是不符合"华盛顿共识"的。2009 年，美国经济学家杰弗里·萨克斯指出，中国是世界经济史上巨大的成功故事；2019 年，他旗帜鲜明地指出，中国不是造成美国经济问题的根源，而是大公司的贪婪。2013 年，诺贝尔经济学奖获得者、美国经济学家约瑟夫·斯蒂格利茨指出，中国不需要完全沿袭西方发展模式；2019 年，他又指出，中国正处在令人兴奋的转型时刻。

2004 年 5 月，美国《时代》周刊高级编辑、投资银行高盛公司资深顾问乔舒亚·库珀·雷默，在英国伦敦外交政策中心发表调研论文指出：中国通过艰苦努力、主动创新和大胆实践，摸索出一个适合本国国情的发展模式，该模式可称为"北京共识"。他指出，中国经济发展模式是一种适合中国国情和社会需要、寻求公正与高质量增长的发展途径，不仅适合中国，也是发展中国家追求经济增长和改善人民生活足可效仿的成功榜样。"北京共识"主要包括：艰苦努力、主动创新和大胆试验；坚决捍卫国家主权和利益；循序渐进、积聚能量。其中，创新和试验是"北京共识"的灵魂，强调解决问题应因事而异，灵活应对，不求统一标准。

"北京共识"，不仅不同于"华盛顿共识"，更与苏联的激进式改革（休克疗法）有着显著区别。休克疗法，这一医学术语于 20 世纪 80 年代中期被杰弗里·萨克斯引入经济领域。萨克斯被聘担任玻利维亚政府经济顾问期间，针对玻利维亚经济危机问题，提出了一整套经济纲领和经济政策，主要内容是经济自由化、经济私有化、经济稳定化。由于这套经济纲领和政策的实施，具有较强的冲击力，在短期内可能使社会的经济生活产生巨大的震荡，甚至导致出现"休克"状态。

1991 年底，苏联解体。1992 年初，俄罗斯在全国推广休克疗法。当时俄罗斯政府没有能力为民众提供足够的民生必需品，为躲避承担相应的责任和义务，防止民众把不满发泄到政府头上，就急切地通过一步到位的方式，把这一时难以解决的问题交给市场，最终致使经济濒临崩溃。休克疗法背离了俄罗斯国情，失败了。这是俄罗斯经济转轨过程中所犯的最重大的错误之一。

1999 年，萨克斯在"世界报业辛迪加"网站发表评论，明确承认俄罗斯改革失败了，"俄罗斯没能找到通向世界的道路"。《从资本家手中拯救资本主义：捍卫金融市场自由，创造财富和自由》① 一书的作者拉古拉迈·拉詹认为，与俄罗斯经济转型完全不同，中国融入自由市场体系的过程值得总结，政府给予企业很大的自由权，却依然掌控着主要体系的控制权和主动权。

中国之治，蕴藏着从"中国奇迹"迈向"新的更大奇迹"的持续动力，蕴藏着中华民族伟大复兴的持久力量，更蕴藏着历史深处的中国智慧。

美国前国务卿亨利·基辛格在《论中国》一书中指出，"中华文明的一个特点是，它似乎没有起点……而是作为一种永恒的自然现象在历史上出现"②。从基辛格的视角看，"中国奇迹"和伟大复兴，是一种历史复原，并重塑辉煌。

2007 年经济合作与发展组织（OECD）秘书长 Angel Gurria 说："当历史学家回顾我们所处的时代时，可能会发现，几乎没有任何国家的经济发展可以像中国的崛起那样引人注目。可是，当他们进一步放开历史视野时，他们将看到，那不是一个崛起，而是一个复兴。如今，中国可能正在变成世界上最大的经济体。然而，昔日它曾经享此殊荣，那不过就是一百多年以前的事情。"③

---

① 拉古拉迈·拉詹，跑易吉·津加莱斯. 从资本家手中拯救资本主义：捍卫金融市场自由，创造财富和自由［M］. 余江，译. 北京：中信出版社，2004.

② 亨利·基辛格. 论中国［M］. 胡利平，林华，杨韵琴，等译. 北京：中信出版社，2012：1.

③ 安格斯·麦迪森. 中国经济的长期表现：公元960—2030 年［M］. 修订版. 伍晓鹰，马德斌，译. 上海：上海人民出版社，2016：序言 1.

　　针对李约瑟之谜，美国加州学派代表人物彭慕兰在《大分流：欧洲、中国及现代世界经济的发展》① 一书中，不是质疑为何中国的江南没有如英格兰那样来一场工业革命，而是追问为什么英格兰没有发展成为中国的江南。加州学派反对西欧中心论，也不赞成中国中心论，试图在中心论与二元对立的标准外，以历史发展的现实来重新检验过去的理论。他们认为，公元 1800 年以前的世界是多元的，没有一个经济中心，西方并没有任何明显的、完全为西方自己独有的内生优势；只是 19 世纪欧洲工业化充分发展以后，一个占支配地位的西欧中心才具有了实际意义。1750—1800 年，中国最为发达的江南地区与欧洲最为发达的英国在经济发展上没有明显差异，若非一系列偶然因素的作用使西欧分流出去，西欧经济也将走入与江南经济相似的"内卷化"道路。美洲大陆的发现和煤炭资源的开采被认为是英国走向工业革命的决定性力量。可以说，技术变化的力量造就了欧洲的突飞猛进。单方面评论中国的停滞不前缺乏理论基础，因为难以预料到欧洲发展让这场工业革命的胜利来得如此出乎意料。

　　可以想象，令加州学派同样感到出乎意料的是，中华人民共和国成立以来，尤其是改革开放以来，中国经济发展如此突飞猛进。其背后，不是一种历史偶然，而是一种历史规律和发展趋势的必然。在德国政治学家史蒂芬·海尔曼看来，中国的政策制定与执行，以及共产党的韧性，使中国成了一只"红天鹅"：这是对西方发展模式的"超常规和没有预见到"的挑战。中国的成功不是意外，而是意料之中。

　　中国经济奇迹，不仅具有中国意义，而且具有世界意义，这是一个世界历史大事件。2021 年 7 月 1 日，在庆祝中国共产党成立一百周年大会上，习近平总书记指出："一百年前，中华民族呈现在世界面前的是一派衰败凋零的景象。今天，中华民族向世界展现的是一派欣欣向荣的气象，正以不可阻挡的步伐迈向伟大复兴。"

---

　　① 彭慕兰. 大分流：欧洲、中国及现代世界经济的发展［M］. 史建云，译. 南京：江苏人民出版社，2010.

2016 年 5 月 17 日，习近平总书记在哲学社会科学工作座谈会上的讲话指出，"要围绕我国和世界发展面临的重大问题，着力提出能够体现中国立场、中国智慧、中国价值的理念、主张、方案"，"解决好民族性问题，就有更强能力去解决世界性问题；把中国实践总结好，就有更强能力为解决世界性问题提供思路和办法。这是由特殊性到普遍性的发展规律"。

的确，"中国奇迹"的源泉中国之治及其背后的经济体制与经济治理的智慧源泉和逻辑思路，值得世人探究。不同于"华盛顿共识"的原教旨自由市场主义，也并非弱化市场的功能，中国经济奇迹的源泉中国之治是践行了政府与市场良性互动的经济治理机制，并取得了期望的经济治理效能。

第二节　经济体制与治理效能：政府市场的替代与互补

政府与市场的关系，是经济发展的永恒命题。经济运行中，人们把政府称为"看得见的手"，把市场称为"看不见的手"。如何正确处理这两者的关系？"看得见的手"与"看不见的手"，是握手（互补），还是掰手腕（替代）？不同的回答会带来不同的经济运行效率和经济治理效能，决定了能否实现人民群众日益增长的美好生活需要。

一、西方国家经济体制：政府与市场的替代

（一）英美自由市场经济体制：盎格鲁—撒克逊模式

美国和英国的自由市场经济体制被称为盎格鲁—撒克逊模式。美国以白人为主，占美国主流的是讲英语的盎格鲁—撒克逊人。美国的"母国"英国，是全世界盎格鲁—撒克逊人的"母国"。英国曾是世界上最强大的

国家，号称日不落帝国，后来衰落了，其地位被美国取代。英国在世界上有很多殖民地，因此盎格鲁—撒克逊人还散布在加拿大、澳大利亚、新西兰。

该模式信奉尽量少的政府干预，以个人主义和自由主义为依托，突出自由竞争，强调劳动力市场的流动性，推动贸易自由化和资本流动的便利化。该模式在20世纪80年代随着英国撒切尔夫人上台执政和美国总统里根当选，分别推行"撒切尔主义"和"里根经济学"而更趋强化，其主张削减赋税、自由竞争、放松管制、私有化。该模式的核心是市场替代政府，按照亚当·斯密的说法，政府就是市场的"守夜人"。世界银行和国际货币基金组织推动的"华盛顿共识"，实质就是推广该模式。

该模式的基础理论是个人主义。该理论认为社会是由个人所组成，在个人主义基础上组成自治性社会组织。个人主义贯穿于其价值观，在创造财富的过程中个人的才智和力量得到充分发挥以达到全社会进步，这是自由竞争市场经济的思想基础，也是其结果。美国尤其崇尚个人自由。

英美的新自由主义浪潮始于撒切尔夫人、里根总统推行私有化和市场化政策，并直接影响了苏联和东欧。但21世纪以来，新自由主义在西方的主导地位实际上正在动摇。美国总统特朗普利用对新自由主义的批判，争取白人工人选民，就是明证。

该模式中，公司治理崇尚股东至上主义，但垄断性大企业在国家经济、政治生活中占据重要地位。尤其是到了金融垄断资本主义阶段，呈现出"大而不能倒"的态势（2008年金融危机中美国政府救助房利美和房地美就是明证）和自由资本主义已死的苗头。

在华尔街，每个人都知道一句话：别和美联储作对。美国联邦储备委员会，即美国的中央银行，是发行的银行，是结算的银行，是银行的银行，是政府的银行，是最后的贷款人。

1913年开始营业的美联储，在1929年的大萧条时期，由于经验不足，没有及时为商业银行提供资金，导致商业银行哀鸿遍野。从此之后，美联储就开始奉行母爱主义，不能让商业银行没有资金。慢慢地，美联储的玩法彻底变了。遇到危机，就发行天量的基础货币，联邦基金利率很快趋向于零。几乎免费的钱潮，开始波涛汹涌。谁先募集到几乎免费的钱，谁就能为自己的美好生活服务。美联储由最后的贷款人变成了最先的贷款人。华尔街用那些几乎免费的钱回购股票。回购股票，股市大涨，股民高兴，股东高兴，高管高兴，总统也高兴。美联储发钱，政府借钱，华尔街借钱，大家都在借钱，以钱生钱，"轻轻松松赚大钱"。此刻，哪管它实体经济是哀鸿遍野，还是嗷嗷待哺。

美国前国务卿基辛格博士最为自豪的是，美国为全世界贡献了自由经济制度。自由经济制度的核心在于：企业通过创新和自由竞争，为世界提供更好的产品和服务，满足世界人民的美好生活。但现实是，崇尚创新、崇尚竞争的自由企业成长环境变了，在奉行负债为王的华尔街面前，崇尚企业创新的资本主义已死！

杰弗里·萨克斯在《重塑美国经济》[①] 一书中指出，1980 年最富有的1% 人口得到了美国家庭总收入的10%，2015 年则达到22%；约81% 的美国家庭在2005—2014 年间收入停滞或下降。他大声疾呼，需要建设一个全新的美国经济。

的确，军工企业集团、网络科技集团、华尔街投资机构与大银行、跨国能源企业、大型媒体集团、制药与医疗集团等主要利益集团的代理人盘踞在国会两院的各个常设委员会，金权政治更加彰显。诺贝尔经济学奖得主斯蒂格利茨更是感叹，今日美国民主已经沉沦为"百分之一所有，百分之一所治，百分之一所享"。美国经济学家曼库尔·奥尔森在《国家兴衰探源：经济增长、滞胀与社会僵化》[②] 一书中指出，为了经济社会的发展，必须限制分利集团。

---

① 杰弗里·萨克斯. 重塑美国经济 [M]. 石烁，胡迪，译. 上海：格致出版社，2019.

② 曼库尔·奥尔森. 国家兴衰探源：经济增长、滞胀与社会僵化 [M]. 吕应中，等译. 北京：商务印书馆，1999.

（二）德国社会市场经济体制：莱茵模式

社会市场经济体制，又称"莱茵模式"。该模式以莱茵河畔德国、法国等为代表，是主要存在于欧洲大陆国家的经济社会发展模式。

"社会市场经济之父"路德维希·艾哈德在其经典著作《来自竞争的繁荣》① 中提出了社会市场经济的基本内涵，后人将其总结为"以自由竞争为基础、国家适当调节，并以社会安全为保障的资本主义市场经济"。该模式主张在国家所制定的秩序框架下实现竞争；相较于英美国家，国有经济地位更高；重视宏观调控，实行一定程度的经济计划；农业政策鼓励合作社经济；强调社会公平性与集体的利益，制定了一整套严格的劳工权利和福利制度；公司之间或公司与银行之间往往联系紧密，证券市场的作用相对较小。

该模式的基本理论是社团主义。它强调不同的人群组成群体，在群体基础上再组合成社会，个人地位相对弱化。欧洲国家在资产阶级革命之后，或多或少地保持了在封建制度下形成的社团主义文化因素，各行业工会、各地区自治机构具有较强的影响力。

"有秩序的竞争"是莱茵模式的核心。该模式通过国家作用给自由放任的资本主义套上了秩序的"笼头"。在政府干预与控制下，资本流动被限制在一定范围内，公开市场发展受到抑制，国内经济监护职责落在金融部门（主要是银行）肩上；政府制定的福利政策保护劳动者权益。该模式下经济平衡是通过政府、资方、劳方三方动态博弈而形成的。在全球化背景下，资本可以跨越国界自由流动，其逐利性决定了资本会流入税收和劳动力成本更低的国家。面对全球竞争，高税收和高劳动力成本的莱茵国家明显处于不利地位。在重工业时代，该模式具有较好的效率，但在服务业时代，该模式效率不足。

---

① 路德维希·艾哈德. 来自竞争的繁荣 [M]. 祝世康，译. 北京：商务印书馆，1983.

该模式中，公司治理奉行利益相关者原则。股权集中度高，股东中银行身份所起的作用较大，不同公司之间的相互持股使得公司内部管理控制方式更复杂，降低了透明度。公司可以自由地将资金从赢利公司转向陷于困境的关联公司，而不是投资到更有利的项目，降低了企业投资效率。银行成为公司大股东，掌握客户公司内幕消息，增加了公司融资成本，限制了公司资金来源。银行领域自身的不稳定性给企业持续融资带来困难，降低企业投资效率。

（三）日本政府主导型市场经济体制：银行中心主义

曾任哈佛大学费正清东亚研究中心主任、享有"中国先生"称号的傅高义教授，1979 年出版了《日本第一：对美国的启示》① 一书，力图回答"究竟是什么样的制度帮助日本在 1960 年至 1975 年间创造了比世界所知的其他地方更快的发展速度？"该书在工业发达国家的政治经济领袖中引起一阵轰动，在西方和日本畅销多年，对政商界和学界产生了重要影响。日本的经济巨擘看上去是不可战胜的。但在该书横扫书市 11 年后，日本的经济泡沫却破灭了，曾经不可一世的日本巨兽猛地一头撞在了岸边的巨石上，接着又看似无助地搁浅在沙滩上。日本随后面对的就是扑面而来的漫长衰退期。

2000 年，傅高义教授出版了《日本还是第一吗》，回应来自美国、日本及东亚社会和学界的反响，包括致敬和质疑。他指出："如果你问接着发生了什么，基本的答案是：当日本人在追赶的时候，他们所创造的优点和组织为他们提供了很好的便利。但是现在他们已经追赶上了，就必须适应一个崭新的全球化阶段。在起初的十年至十五年内，日本国内的这些组织需要进行修正，但日本人迟迟未做。"②

---

① 傅高义. 日本第一：对美国的启示［M］. 谷英，张柯，丹柳，译. 上海：上海译文出版社，2016.
② 傅高义. 日本还是第一吗［M］. 沙青青，译. 上海：上海译文出版社，2019：序言 3.

作为率先对"房地产泡沫"提出公开警告的经济学家，野口悠纪雄在《战后日本经济史：从喧嚣到沉寂的 70 年》① 一书中提出了"1940 年体制史观"，为我们理解日本经济的崛起和发展、泡沫的形成和崩溃，以及后来长期停滞的根本原因提供了新的视角与启发。他认为，1940 年的体制是战时体制，是国家总动员体制。战后日本高速增长，依赖的依然是战时体制，对产业实行国家统制。战争时期形成的国家总动员体制带来了战后经济复兴，战时成长起来的企业实现了战后的高速增长。

一是技术环境适合 1940 年体制。钢铁、机电、轮船、石油化学等重化工业，适合以垂直一体化的管理方式提升生产效率。大量经济活动不通过市场，而是靠政府主导的企业内部来分担和合作。1940 年体制恰恰能发挥它的最大效用。日本、联邦德国都是同样的经济体制，都获得了工业化的巨大发展。

二是排除股东对企业的支配，确立银行中心主义，实行低利率与资金配给。第二次世界大战失败后，日本按照经济复兴和经济民主文化方针进行了整顿与民主改革。到 1954 年日本基本上已建立起一个以大藏省为统帅、日本银行为核心、商业银行为骨干，以其他政府和民间金融机关为补充的较健全而完善的银行体系。该机制在工业化"追赶"阶段非常有效。

三是日本企业的"终身雇佣制"。因无法调整过剩雇佣问题，商业模式调整困难重重，民间企业承担过多本应该由政府承担的保障劳动者权利的职责。

1980 年后，甚至至今，1940 年体制反而成了枷锁，阻碍了日本的发展。根据 1940 年体制史观，可以发现，21 世纪 10 年代安倍晋三内阁所实行的经济政策，并没有摆脱战后体制，而是对战争时期和战后体制的复归。其基本方向是，否定市场的作用，强化国家对经济活动的干预。

1940 年体制，本来是不符合"不劳不得"原则的，但不知从何时起，

---

① 野口悠纪雄. 战后日本经济史：从喧嚣到沉寂的 70 年［M］. 张玲，后浪，译. 北京：民主与建设出版社，2018.

却变成了"依靠组织"的形式，并在日本人头脑里扎下了根，形成"头脑里的 1940 年体制"，这与"勤劳致富"的原则背道而驰。每个国家的国民在能力上都没有太大差别，差别只在于制度或组织是否满足了人们"想努力工作"的需求。显然，日本的经济体制没有能力持续地做到。

不得不指出，还有一个事实，"二战"之后，日本的崛起是美苏冷战背景下美国大力扶持的结果。尤其是朝鲜战争期间，美国将日本作为基地并产生了巨大的经济社会关联效应。1985 年广场协议①签订，意味着美日经贸关系的转折——由亲密合作转向激烈竞争。这在一定程度上更加剧了1940 年体制并预示着它的低效。

（四）比较与启示

英美的盎格鲁—撒克逊模式，以市场为主导，市场替代政府。美国的起源是清教徒寻找自由土地，其个人主义的"个人"是有信仰约束的，行事自有分寸；但现在，人找不到目的，找不到人生的意义在哪里，信仰淡薄，个人主义沦为自私。更为重要的是，自由市场体制，很难摁住垄断这头猛兽，很难根除"大而不能倒"，导致走向它的反面，自由市场"不自由"。的确，整个 20 世纪，美国的市场经济体制发展到最成熟、最高级，市场竞争的作用发挥得淋漓尽致，但市场决定一切发展到制度化的唯利是图，无疑是市场在各个领域的"专政"，开始走向反面。②

德国的莱茵模式、日本的银行中心主义模式都是政府主导，政府替代市场。虽然都是以市场原理为基础，但都不依赖市场，政府对市场加以严格限制，是具有统治倾向的经济。在重工业时代，该模式具有较好的效

①　广场协议（Plaza Accord）的背景是，20 世纪 80 年代初期，美国财政赤字剧增，对外贸易逆差大幅增长。美国希望通过美元贬值来增加产品的出口竞争力，以改善美国国际收支不平衡状况。1985 年 9 月，美、日、德、英、法五国在纽约广场酒店签订该协议。协议签订后，日元大幅升值，国内泡沫急剧扩大，最终由于房地产泡沫的破灭造成了日本经济的长期停滞。

②　资中筠.20 世纪的美国［M］.北京：商务印书馆，2018：274－275.

率；但在服务业时代，该模式效率不足。

虽然政府与市场属于两个不同层面的资源配置主体，但二者绝不是彼此割裂的。不管是日本和德国的干预主义，还是美国和英国的自由主义，都认为政府与市场是两种独立、平行的资源配置主体，这种理论忽略了政府与市场之间可能存在的协同互补关系。

其实，自由市场并不自由，也并不是免费的，本质上是一项成本高的公共物品。公开透明、规范有序、公平竞争的统一市场，需要政府与市场参与者各方付出巨大的协调努力和社会投资。如果效仿英国首相温斯顿·丘吉尔评论民主制度的句式，可以对市场经济制度做出这样的评论："没有人断言市场经济是完美无缺和无所不能的。应当说，市场经济是一种不好的经济形式。但是，如果同迄今为止人类已经试用过的其他一切经济形式相比较的话，它是最不坏的一种。"这就需要防止市场变得"更坏"，促进市场变得"更好"。美国俄勒冈大学社会学教授约翰·贝拉米·福斯特指出，面对大规模失业、经济停滞、过度金融化、有史以来最极端的不平等现象，资本主义的确已经从当初推动社会创造发展的先进制度转变为如今产生重大破坏后果的落后历史制度。[1]

其实，我们既不可能完全依靠自由市场的原教旨主义，也不能完全相信某种不可能存在的政府计划的"乌托邦"。1992年，中国改革开放的总设计师邓小平说："计划多一点，还是市场多一点，不是社会主义与资本主义的本质区别。计划经济不等于社会主义，资本主义也有计划；市场经济不等于资本主义，社会主义也有市场。计划和市场都是经济手段。"计划和市场都是经济手段，正是政府与市场握手的理念演进。

---

① 约翰·贝拉米·福斯特. 资本主义已经失败：人类未来何去何从？［J］. 肖玉飞，译. 经济资料译丛，2021（1）.

二、中国经济体制：政府与市场的协同互补

（一）政府与市场协同互补论

政府与市场的关系，可能是替代关系，更有可能是协同互补关系。这一协同互补关系，既可以避免"市场失灵"，也可以避免"政府失灵"。政府干预可以有效增强市场在资源配置中的作用。政府是市场机制顺利运行的根本保障，通过推动市场组织的发展，可以有效增进市场自身的协调能力，减少市场失灵。世界银行前副行长林毅夫教授的新结构经济学强调的有为政府和有效市场，就是这个逻辑的体现。

改革开放后，我国经济体制从计划经济向市场经济过渡，政府逐渐放弃了大部分管制权力，市场逐渐成为资源配置中的决定性力量。在这个过程中，政府的相对作用逐渐降低，而市场的相对作用逐渐提高，同时也体现了政府与市场协同互补关系的变化。

一方面，政府可通过选择性的权力让渡，为市场作用发挥腾出空间。市场规模的成长与市场机制的完善需要时间，在不同发展阶段下，市场发育程度也有所不同。政府可针对当前阶段市场要素发育程度，选择性地减少干预，针对性地让渡管制权力。比如在改革开放初期，市场机制并不完善，如果政府完全放弃干预，将资源配置权力交予孱弱的市场，会造成资源配置扭曲。政府管制权力的让渡是一个缓慢的过程，政府要根据目前市场发展阶段，针对性地让渡部分权力。同时，政府也要保留部分管制权力，对经济加以适当干预，以弥补市场不足。

另一方面，政府可通过主动干预促进市场成长，纠正市场中的扭曲。市场成长是一个漫长过程，政府针对性的干预可以有效增进市场的协调功能，促进市场要素的成长。政府干预有助于纠正市场化初期的市场失灵问题。政府将权力逐渐让渡于市场的过程恰恰体现了政府与市场的配合，这个过程并不能用"政府主导"或"市场主导"这种绝对的"二元对立论"

进行解释。

在经济发展的不同阶段，政府与市场的协同互补关系是不一样的。这种关系会随经济发展和经济体制改革的推进而不断演化。

（二）中国经济双重转型与经济体制演进

1978 年，党的十一届三中全会拉开了市场登上中国舞台的序幕。改革开放市场化进程的逻辑起点是自然经济和计划经济，这决定了中国改革开放具有双重意义的转型：从自然经济迈向发达经济，这是发展意义的转型；从计划经济迈向市场经济，这是改革意义的转型。这一双重意义的转型，不同于发达国家的自然经济向发达经济的发展转型，没有什么成熟的模式可以借鉴。因此，改革开放的初始阶段，必然是"摸着石头过河"，边干边学，边学边干。中国特色社会主义市场经济从双重意义的转型开始出发。①

1. 市场化改革起点

增量改革与摸着石头过河。如何使大多数的人能够感受到并受益于改革开放，起点至关重要。20 世纪 70 年代末，农村人口依然是中国人口的绝大多数。1978 年安徽省凤阳县小岗村 18 位农民在土地承包责任书上按下了红手印，拉开了中国改革开放的序幕。这是一个典型的诱致性制度变迁，充分发挥了社会基层的创新精神。家庭联产承包责任制成了中国改革开放的起点，促进了农业的大发展。农业改革的成功，为农村工业化的萌芽和起飞，为乡镇企业的出生和成长，提供了市场储备、原料储备和劳动力储备。中国的增量改革就这样启程了。农村改革与 20 世纪 80 年代初国有企业"放权让利"改革产生政策共振。国有企业得到了"放权"，自主生产一些产品，当然要生产人民群众需要的轻工业产品。农村改革提供了产品剩余，既为国有企业改革提供了原料，也提供了市场，农村消费的平面扩张与升级具备了条件。国有企业得到了"让利"，传统的单位福利体

---

① 刘金山 . 握手市场：1978—2018 ［M］. 广州：暨南大学出版社，2018.

制得到了加强，城镇居民的收入提高了，居民消费的平面扩张与升级具备了条件。农村改革与城市改革，就这样迈入了良性互动。此时的改革，很多领域是帕累托改进：资源配置状态改变，全部人或部分人受益，没有人受损。有些领域，虽然不存在帕累托改进，但存在着卡尔多改进：有人受益，有人受损，受益者在一定程度上补贴受损者。此刻，很容易形成改革共识。

专栏　改革的共振效应

20世纪70年代，农村的孩子们最盼过节，因为过节有肉、有糖、有花生。花生本是农产品，但当时花生太少了，成了奢侈品。

1980年的秋天，田野里充满着孩子们爽朗的笑声。孩子们可以放开肚皮吃花生了。花生脱下了奢侈品的华丽外衣，来到了普通百姓身边。因为实行家庭联产承包责任制，家家户户分到田地了。此前，村民们一起生产，集体劳动，集体分配，集体决策"种什么"。此后，各家各户，自由决策，只要不违法，想种什么就种什么，想种多少就种多少（不能超过自家土地面积）。这一合约变化，释放了人们的积极性，土地的产出爆发式增长。

更为主要的是，这一合约变化，与另一个合约变化，产生了共振效应，使中国经济发展翻开了新的一页。20世纪80年代初，国有企业（时称国营企业）有了一个合约变化：放权让利。此前，国有企业生产什么、生产多少、怎样生产、为谁生产，由上级政府管理部门计划决策。此后，国有企业在完成计划任务后，有权决定自主生产一些产品，生产什么、生产多少、怎样生产，企业自己说了算。企业开始生产基于消费需求的轻工业产品。生产要有原料，而农村实行家庭联产承包责任制，农户决策自主，农户可以自由地种棉花、养蚕了，为企业提供了原料。

正是这一共振，开启了市场化进程。

2. 目标清晰与顶层设计

1992 年党的十四大提出建立社会主义市场经济体制，"摸着石头过河"的阶段过去了，改革目标清晰了，改革的顶层设计正式登上舞台。1993 年开始建立现代企业制度，1998 年开始国有企业三年脱困，开启了改革开放后第一次供给侧结构性改革；1994 年分税制改革，大大激发了各地区的生产性努力；1991 年开始探索住房体制改革，1998 年停止福利分房，实行住房货币化，开启了 21 世纪房地产市场的汹涌澎湃；1995 年我国供求格局由短缺变为相对过剩，1996 年中国经济成功软着陆；1997 年东南亚金融危机，中国政府承诺人民币不贬值，展现了负责任大国的风采。

3. 存量攻坚与世界市场

改革与发展双重意义的经济转型，不可能是一帆风顺的。20 世纪 90 年代末期，中国进入存量改革阶段。1998 年，朱镕基总理答记者问，提出"一个确保、三个到位、五项改革"，开启了供给侧改革的序幕。市场经济是一个开放系统，企业既要面临国内和国际两个市场的竞争，也要配置国内和国际两种资源。东南亚金融危机对中国外部需求的冲击，使人们意识到，拥抱全球市场是何等重要。经过艰苦卓绝的谈判，2001 年底中国加入世界贸易组织，全方位握手世界大市场，中国的市场经济迈向新阶段。经历了 20 多年的市场化改革进程，人们对政府与市场的关系的认识也在逐步深化。1993 年十四届三中全会通过《中共中央关于建立社会主义市场经济体制若干问题的决定》，2003 年十六届三中全会通过《中共中央关于完善社会主义市场经济体制若干问题的决定》，10 年之间，从"建立"到"完善"，既要解决老问题，又要解决新问题。人们发现，"看不见的手"与"看得见的手"应该握手，政府应该增进市场功能，政府与市场不是替代关系，而是互补关系。双重意义的经济转型实践，丰富了市场经济理论体系。

4. 危急时刻与理性成熟

2008 年美国发生次贷危机进而全球发生金融危机，2009 年欧洲发生主权债务危机，使国际经济形势骤变。全球化时代的宏观调控，对于中国，对于世界，都是一个新的命题。宏观调控政策的全球协调，是一个更大的命题，挑战着人类的有限理性。全球经济社会处于大转型时期。全球都在追寻企业家，都在追逐资本，都在追逐高端生产要素。全球化"融资"与全球化"融智"的时代来了。危急时刻，理性应对。基于政府与市场的协同互补关系，中国推进供给侧结构性改革和构建以国内大循环为主体、国内国际双循环相互促进的新发展格局。

（三）政府与市场协同互补是中国经济治理效能的理论动力

在改革开放双重意义的转型过程中，需要的是深入理解、正确认识市场经济运行的质，这是"更好发挥政府作用"的关键所在。政府的关键作用在于市场增进：培育市场体系，完善市场功能，弥补市场失灵。理性的行为主体突破地域和血缘的限制，通过市场实现人类合作秩序的拓展。正是通过市场的培育和建设，各类要素得到合理的市场估价，各类行为主体的经济活力才可能得到释放。

回望过去40多年的历史，1978年十一届三中全会开启了市场化改革。1993年十四届三中全会通过《中共中央关于建立社会主义市场经济体制若干问题的决定》，2003年十六届三中全会通过《中共中央关于完善社会主义市场经济体制若干问题的决定》，强调了市场在资源配置中的基础性作用，这是政府培育市场的发展战略取向。2013年十八届三中全会通过《中共中央关于全面深化改革若干重大问题的决定》，2019年十九届四中全会通过《中共中央关于坚持和完善中国特色社会主义制度 推进国家治理体系和治理能力现代化若干重大问题的决定》，强调了市场在资源配置中的决定性作用，这是政府提升市场的发展战略取向。

实践告诉我们，没有市场或市场弱小时，政府培育市场；市场能管的，让市场管；市场失灵时，市场不能管的，政府管；政府失灵时，无法有效配置资源时，市场管。一部改革开放史，就是一部"看得见的手"与

"看不见的手"握手的历史。可见，市场在配置资源中起决定性作用和更好发挥政府的作用，是辩证统一的，是互为一体的。比较制度经济学家青木昌彦指出，中国是政府增进市场的成功案例，较好地处理了政府与市场的关系。[①]

基于以上理论和实践探索，我国基本经济制度框架形成：中国现处于并将长期处于社会主义初级阶段，以公有制为主体、多种所有制经济共同发展，按劳分配为主体、多种分配方式并存，社会主义市场经济体制是我国现阶段的基本经济制度。

这一基本经济制度下的经济体制，体现了政府与市场的协同互补关系，践行了"竞争中性"的实践原则。竞争中性，指的是一切市场主体，不论所有制属性，依法平等使用生产要素，公平参与市场竞争，同等受到法律保护，遵循相同的秩序规则。2018年11月1日，习近平总书记在民企座谈会上提出"营造公平竞争环境"，扭转了民营企业家"无恒产者无恒心"的预期，坚定了"有恒产者有恒心"的发展信心。央行行长易纲在G30国际银行研讨会上提出以"竞争中性"原则对待国有企业。该原则最早由澳大利亚政府于20世纪90年代提出，经合组织（OECD）做了进一步发展，成为国际上处理所有制属性差异问题的重要原则。但发达国家和地区的所有制构成，与我国多有不同。就我国而言，为了应对国内面临"歧视民企"、国际面临"歧视国企"的情况，在坚持"两个毫不动摇"前提下，把"竞争中性"作为市场主体的实践原则，更具有战略高度和深远意义。

桃李不言，下自成蹊。中国特色社会主义市场经济体制建设就这样迈出了坚实的步伐。这种坚实，来源于中国历史的"大一统"传统，政府的顶层设计与民众的经济活动动态互动；来源于中国历史的"民本"思想，从"水能载舟亦能覆舟"到"全心全意为人民服务"再到"人民对美好

---

① 青木昌彦，等.政府在东亚经济发展中的作用：比较制度分析［M］.北京：中国经济出版社，1998.

生活的向往就是我们的奋斗目标"一以贯之；来源于中国历来主张的"文明交流互鉴"的自信包容之心，无论何种模式都有其优点和适用性，取其精华去其糟粕，谋求市场与政府的动态平衡。

第三节　"中国经济崩溃论"崩溃的体制力量与历史逻辑

　　迄今为止（尤其是工业革命以来）的人类历史，是一部东方文明和西方文明之间相互赶超、相互借鉴的历史，是东西方文明背后国家治理体系和治理能力之间相互赶超、相互借鉴的历史。从经济层面看，这是一部经济发展模式与经济治理体系之间相互赶超、相互借鉴的历史。1996 年，哈佛大学塞缪尔·亨廷顿教授在《文明的冲突与世界秩序的重建》中提出一个极其重要并且亟待回答的问题：人们正在寻求并迫切地需要一个关于世界政治的思维框架。亨廷顿开宗明义地指出，历史上，全球政治第一次成为多极的和多文明的；现代化有别于西方化，它既未产生任何有意义的普世文明，也未产生非西方社会的西方化；凡是认为历史已经终结的社会，通常是其历史即将衰微的社会。[①] 中国经济奇迹有效回答了这一时代之问。

一、"中国经济崩溃论"的崩溃

　　改革开放以来，伴随着中国经济的快速健康发展，国际上针对中国的论调甚嚣尘上。

　　"中国威胁论"出现在冷战后。苏联威胁消失以后，中国经济、军事逐渐强大，"中国威胁论"开始在美国、日本等国泛滥起来。美国费城外交政策研究所亚洲项目主任芒罗发表《正在觉醒的巨龙：亚洲真正的威胁

---

　　① 塞缪尔·亨廷顿. 文明的冲突与世界秩序的重建［M］. 修订版. 周琪，译. 北京：新华出版社，2010.

来自中国》，一时间"中国威胁论"风靡太平洋东岸。1997 年亚洲金融危机后，中国经济逆势崛起，经济影响力迅速扩大，"中国威胁论"又起。进入 21 世纪后，"中国威胁论"的内容日益扩大，如中国计算机黑客威胁论、食品安全威胁论、环境威胁论等。

1994 年，美国世界经济研究所的布朗提出"谁来养活中国人"，引发了一场大争论。其实，这一问题由来已久。"二战"后，曾有美国总统担忧中国养活不了 5 亿人口；1974 年在罗马召开的第一次世界粮食会议上，一些专家认为中国无法养活 10 亿人口。布朗的质疑，在全球范围造成舆论震动。布朗断言，到 2030 年，中国人口数量将达到 16.3 亿左右，如果按照每人每日消耗 8 两粮食计算，就需要粮食 6.51 亿吨。以当时工业化形势发展，中国耕地面积还在日趋减少，粮食产量可能会下降到 2.73 亿吨，需要从外国进口 3.78 亿吨。中国会成为粮食缺口大国，大量进口外国粮食必然会导致粮食短缺与粮食价格暴涨，继而引起国际上的连锁反应，导致全球粮食大恐慌。然而事实是，在进入 21 世纪 20 年代的今天，中国 14 亿多人的口粮在全世界是最安全的。

美籍华裔律师章家敦 2001 年 7 月出版的《中国即将崩溃》一书认为，中国四大国有银行的坏账已经高到不能维持的地步，中国现行的政治和经济制度最多只能维持 5 年。显然，在中国的银行业突飞猛进发展的事实面前，这些论调不攻自破。

刚进入 21 世纪，"中国经济崩溃论"又甚嚣尘上。2001 年底以来，国际上出现了一种怀疑中国经济增长的思潮。美国匹兹堡大学教授罗斯基认为中国经济增长率不实，主要根据是能源消耗与经济增长率不一致。他认为中国 1998 年的 GDP 增长率 2.2% 是上限，实际上可能更低，1999 年为 2% ~ 2.5%，2000 年为 2% ~ 3%。

2008 年欧美金融危机后，"中国经济崩溃论"和"中国经济威胁论"不断出现。但事实给予了这些歧见有力的回击。

2009 年 10 月，世界 G20 峰会，各国首脑商议解决危机的办法，一句俏皮话开始流行起来："2009 年，中国拯救了资本主义。"波兰前副总理、改革设计师格泽高滋·科勒德克在《中国能否拯救世界?》一书中指出，"世界不应害怕中国，而应该相信中国"，"中国并不想统治世界，它不过是想利用全球化来谋发展，这并非意味着要损害其他国家的利益，中国甚至能为有需要的国家提供帮助"。

实践证明，"中国经济崩溃论"已经崩溃了。"中国经济崩溃论"者错在何处? 其实，他们没有用长期的、历史的视角来看待中国。

世界著名经济学家安格斯·麦迪森在《中国经济的长期表现：公元960—2030 年》一书中指出："过去，对经济增长过程和其决定因素的分析一直强调一种欧洲中心主义的观点。对中国历史史料的评价又一直是过于以中国为中心的。一种更加相互结合的观点可以既解释发展的特殊性，又解释发展的常规性，从而能够对导致国家兴衰的原因提供更好的理解。"[1]

该书勾勒了跨越千年的中国经济增长脉络：公元 10 世纪至 15 世纪早期，中国的人均收入要高于欧洲；而且在随后的几个世纪中，直到中国衰落之前，中国一直是世界上最大的经济体；1978 年，经济改革所取得的非凡进步是一个复兴，而不是奇迹，中国将可能在 2015 年重新恢复世界最大经济体的地位；采用购买力平价进行货币转换，发现中国经济的规模被大大低估，中国 2003 年的 GDP 水平相当于美国的 74%，或者日本的两倍以上，占世界 GDP 的比重是 15%，到 2030 年，可能增加到 23%。

中国经济体制的生命力，在于历史底蕴和文化价值观，基于历史价值观实现了政府与市场的握手。正如美国加州学派代表人物彭慕兰所言："如果没有民族国家及国内和国际市场，现代世界是无法想象的，而各地区融入这些巨大的结构中，通常被当作一种至关重要的现代化标尺。"[2] 自古以来，中国的农产品及手工业品经过农村集市，一级一级地集散和转销，送到全国

---

① 安格斯·麦迪森. 中国经济的长期表现：公元 960—2030 年 [M]. 修订版. 伍晓鹰，马德斌，译. 上海：上海人民出版社，2016：1.

② 彭慕兰. 腹地的构建：华北内地的国家、社会和经济（1853—1937）[M]. 马俊亚，译. 上海：上海人民出版社，2017：43.

和全球的消费者手中，古代丝绸之路就是这个网络的一部分。这样一个由"点"带"面"的市场网络，是中国资源和财富流通的管道。这一市场网络的作用，不限于经济方面，同时具有人才和信息流转的功能。[①] 欧洲的工业革命，以机器工业品替代中国传统产品进而摧毁了这一网络。

回望历史，李约瑟之谜之所以发生，原因之一就是错过了全球市场的发展机遇——明代中国错失了历史机遇。在法国年鉴学派代表人物布罗代尔眼里，资本主义生产方式之所以在欧洲取得成功，正在于它与国家合为一体了。

在历史的长河中，这只是一个短暂的时刻。一旦政府与市场握手，中国经济体制的蓬勃力量便会迸发而出。《白银资本：重视经济全球化中的东方》[②] 的作者贡德·弗兰克指出，领导权从东方向西方的转移，仅仅开始于一个半世纪以前，而且，仅过了一个世纪之后，转移就开始倒转了方向。弗兰克结合当前全球化趋势，从世界经济史入手，严厉批判世界史学界中的欧洲中心主义，指出远在欧洲发达之前，亚洲尤其是中国就在世界体系中占有极为重要的地位。弗兰克认为，从航海大发现直到18世纪末工业革命之前是亚洲时代，这个时代中国和印度是全球经济体系的中心。欧洲之所以最终在19世纪成为全球经济新的中心，是因为欧洲征服了拉丁美洲并占有其金属资源，使得欧洲获得了进入以亚洲为中心的全球经济的机会，使欧洲有可能站在亚洲的肩膀上。

2020年新加坡国立大学亚洲研究院学者、前资深外交官马凯硕的著作《中国赢了吗》指出，西方过去200年在全球的支配地位，使其对当前局势的认知出现偏差，以为西方统领世界是历史的正常规律；但在19世纪前的2000多年里，最大经济体是中国和印度，中印21世纪回归主导地位也是符合历史规律的；西方应对此做出战略调整，而非延续错误认知。他还指出，中国没有扩张主义的文化基因，郑和下西洋时的舰队比葡萄牙强

① 许倬云. 万古江河：中国历史文化中的转折与开展 [M]. 长沙：湖南人民出版社，2017：481-484.

② 贡德·弗兰克. 白银资本：重视经济全球化中的东方 [M]. 刘北成，译. 成都：四川人民出版社，2017.

大，却从未殖民任何领土。

历史学家许倬云在《许倬云说美国：一个不断变化的现代西方文明》一书中把美国看做剖析一个帝国由盛而衰的根源之最大社会实验室，正如美国决策者总是怀疑中国是否能和平崛起，我们也需要担心美国是否能和平衰落。①

其实，中国一直是奉行儒家思想的和平之国。从古到今，中国经济思想的商道力量，一直影响着全世界。

加州学派代表人物彭慕兰指出，不论是晚清政府，还是南京国民政府，其失败的根本原因都不是因为在"自强"方面做得不好，也不是国家结构不能适应层出不穷的危机或制度不足或政策安排缺位，而是在于忽略了在封建王朝被视为应尽义务的传统使命，即最大限度地改善百姓生活。②政府与市场的握手，最大的经济治理效能就是最大限度地提高人民生活水平，这是中国历代一以贯之的民本思想。

二、西方市场意识的觉醒源于中国经济思想

正如本书第一章所言，西方的兴起源于市场的觉醒，而西方市场意识的觉醒源于中国经济思想。

（一）中国市场经济探索的历史追寻

很长时间以来，无论理论上，还是实践中，都有一个误解，认为经济学是西学东渐的结果，认为市场经济是舶来品。其实，中国有 2 000 多年的政府与市场关系的探索实践，这是一部市场经济探索史。

《尚书·禹贡》是我国最早的关于地理、区域经济和国家税收的文献之一，提出了国家治理的最早方案。结尾"东渐于海，西被于流沙，朔南暨声教讫于四海。禹锡玄圭，告厥成功"，是国家经济治理的目标和使命。

---

① 许倬云. 许倬云说美国：一个不断变化的现代西方文明 [M]. 上海：上海三联书店，2020.

② 彭慕兰. 腹地的构建：华北内地的国家、社会和经济（1853—1937）[M]. 马俊亚，译. 上海：上海人民出版社，2017.

由此开启了一个亘贯千载的以政府与市场关系为主线的中国"经世济民"的理论与实践征程。

相对于世界其他地区，中国的市场经济在春秋战国时期已经颇为繁荣。当时经济思想的重点是政府在发展经济中的作用，形成了放任论（自由主义）与轻重论（国家干预主义）两大思想体系。

孔子和孟子都是放任主义经济政策的提倡者。孔子提出发展经济的原则是"惠而不费"，即鼓励老百姓去从事能够满足他们物质利益的经济活动，政府又没有为此而花费什么成本；孟子主张采取鼓励民间经济发展的"富民"政策，保护其"恒产"。

司马迁的善因论是中国古代经济思想史上放任论的一面旗帜。他主张"善者因之"（《史记·货殖列传》），强调最好的经济政策是听任私人进行生产，在"不害于政，不妨百姓"的前提下鼓励他们"取与以时而息财富"（《史记·太史公自序》）。

同时，人的生存权利应当有所保障。《礼运·大同篇》指出，幼有所养，壮有所用，老有所终，鳏寡孤独废疾者，都可以存活。这是世界上最早提出的社会福利制度。

孔子和司马迁所主张的经济自由主义，与强调国家干预调节经济的轻重论，互相联系，最终形成经济政策，用政策来影响人们的经济活动。

正如历史学家许倬云所说，中国文化真正值得引以为荣处，乃在于有容纳之量与消化之功。基于政府与市场的良性互动，形成了儒家商道，支撑了中华民族灿烂的文明。儒家商道的内涵主要有：仁者爱人的人本精神，"己所不欲，勿施于人"，"己欲立而立人，己欲达而达人"；以义为上的尚义精神，"富与贵是人所欲也，不以其道得之，不处也"；经世济民的家国天下精神，"博施于民而能济众"；以诚信为准则的诚信精神，"民无信不立，人而无信，不知其可也"；合作互利的合作精神，"礼之用，和为贵，先王之道斯为美"，"天时不如地利，地利不如人和"，"上不失天时，下不失地利，中得人和，而百事不废"，"和则一、一则多力，多力则强";自强不息的实干敬业的精神,"苟日新,日日新,又日新"。①

儒学商道,不仅支撑着中国文明的历史与未来,更深深影响着全球化进程中的其他国家和地区。

(二) 中学西渐与西方经济学的兴起

18 世纪以前,与西方相比,中国的生产技术和经济水平居于领先地位,社会制度和思想文化比较发达,对西方世界产生了重要影响。18 世纪席卷欧洲的"中国热",带来的是"中学西渐",经济思想也包含其中。经济思想史大家谈敏教授在《法国重农学派学说的中国渊源》② 一书中指出,亚当·斯密在《国富论》中主张的"自由放任"市场经济理论深受法国魁奈等重农学派的影响,而重农学派"自然秩序的科学"思想则来源于中国传统的儒家学说、自然哲学思想与无为而治的现实主张。从 18 世纪中后期开始,西方学界越来越认识到:《史记·货殖列传》是自由放任思想更为根本的理论渊源,其所提出的人类与生俱来的求富动机,利他以自利的交易机制,术有专攻、因时而变的技能及分工协作,多层次市场治理体系等思想,十分深刻。

重本(农)抑末,这一儒家经济思想与政策,源远流长,远早于法国重农学派。作为法国重农学派创始人,魁奈对中国文化和儒家学说秉持相当尊崇的态度。当时的背景是,18 世纪欧洲大陆兴起"中国热"时,法国兴起了"华化论",使用中国特色的物品,流行中国风格的艺术,谈论与中国相关的话题,成为当时法国的时尚,以至于人们甚至称呼法国为"欧洲的中国"。以行医为生的魁奈,1749 年成为法国宫廷御医,充分感受到了这种热潮。1767 年,魁奈的《重农主义,或最有利于人类的管理的自然体系》出版时,特意把出版地标为"北京"。因其"全身心奉献于孔子思想的教育",魁奈被称为"欧洲的孔子"。《资本论》的翻译者王亚南在《中国经济原论》

---

① 王建均. 中华商道的内涵 [J]. 山东省社会主义学院学报,2020 (5):59 – 62.
② 谈敏. 法国重农学派学说的中国渊源 [M]. 上海:上海人民出版社,2014.

中指出，重农学派思想的根源出自中国的"四书"和"五经"。

1776 年，亚当·斯密出版《国富论》。此前，亚当·斯密曾客居巴黎并接触过重农学派，他将重农主义与重商主义并提，其自由经济主张同重农学派有相似之处。亚当·斯密认为，"在以政治经济学主题所发表的许多学说中，这个学说（即重农主义）也许最接近真理，因此这个学说非常值得所有细心研究这个极重要的科学原理的人去留意"。对于魁奈本人，亚当·斯密认为他是"最聪明、最具洞察力的鼻祖"。马克思在《剩余价值理论》中指出，亚当·斯密深受重农主义的影响。

斯密理论建立在"经济人"（理性人）假设之上。《国富论》有句经典名言，"我们的晚餐并非来自屠宰户、酿酒师和面包师的恩惠，而是来自他们对自身利益的关切"。这就是"看不见的手"。

司马迁在《史记·货殖列传》中说："天下熙熙，皆为利来，天下攘攘，皆为利往。"《国富论》将分工视为增加国民财富的首要条件，司马迁强调了社会分工的重要性及社会各行业存在的合理性。《史记·货殖列传》指出"农不出则乏其食，工不出则乏其事，商不出则三宝绝，虞不出则财匮少"。司马迁主张"农末俱利"，反对政府与民争利，以实现"上则富国，下则富家，贫富之道，莫之夺予"。

伴随着中学西渐，亚当·斯密的经济学与全球大市场的联通形成了互动，为英国乃至西方崛起的经济体制形成提供了理论储备和智力支撑。

中学的核心在于"和"与"合"。经济思想的核心在于"和"：和气生财。经济体制的核心在于"合"：合作共赢。政府与市场的握手，最大的功效在于及时自动纠错。自动纠错机制是开放社会的本质特征。自古以来的中国经济社会，是具有自动纠错机制的开放社会，无论分分合合。

古人常说，正心，诚意，格物，致知，修身，齐家，治国，平天下。家国互动，靠的是"和"与"合"。正如著名学者葛剑雄在《统一与分裂：中国历史的启示》书中所言，昔日天下的历史完全证明，在统一政权中产生的消极因素和社会弊病的根源并不是统一本身，更不是统一带来的和平安宁和经济繁荣，而是政治制度，或者说是用什么制度来实现统一，如何统一，统一到什么程度；同样，分裂社会中存在的积极因素也不是分裂本身带来的，更不是战争和破坏所造成的，而是冲击、削弱了旧制度的结果，是外力迫使中央集权制度暂时或局部解体的副产品。[①]

（三）经济体制与经济治理的终极目的

政府与市场的"和"与"合"，经济体制与经济治理的终极目的，是提高人民的美好生活水平。这是中国历史民本传统的呼应。

"中华人民共和国中央人民政府今天成立了！"1949 年 10 月 1 日 15 时，毛泽东主席用他那带着湖南口音的洪亮声音，向全世界庄严宣告。2012 年 11 月 15 日，刚刚当选为中共中央总书记的习近平庄严宣示："人民对美好生活的向往，就是我们的奋斗目标。"这一铿锵有力的声音，似乎是 1949 年 10 月 1 日那个历史声音的回响。

顶层设计和市场力量，过去和未来，都是为了美好生活。美好生活，跨越了时空，展现了 70 年历史的回应。

1956 年，党的八大指出，"国内的主要矛盾，已经是人民对于建立先进的工业国的要求同落后的农业国的现实之间的矛盾，已经是人民对于经济文化迅速发展的需要同当前经济文化不能满足人民需要的状况之间的矛盾"。这是从"无"到"有"、从"少"到"多"的问题。1978 年，那场改变新中国命运的历史性会议，提出以经济建设为中心，实行改革开放。1981 年，党的十一届六中全会指出，"我国社会的主要矛盾是人民日益增长的物质文化需要同落后的社会生产之间的矛盾"。以经济建设为中心，就是要解决这一主要矛盾。

2017 年，党的十九大胜利召开，中国进入中国特色社会主义新时代。习近平总书记庄严承诺："为中国人民谋幸福，为中华民族谋复兴。"新时代的重要体现之一就是社会主要矛盾发生了变化。十九大报告指出，"我国社会主要

[①] 葛剑雄. 统一与分裂：中国历史的启示［M］. 北京：商务印书馆，2013.

矛盾已经转化为人民日益增长的美好生活需要和不平衡不充分的发展之间的矛盾"。美好生活，这是从"多"到"好"的问题，这是一个新起点。社会主要矛盾的重大变化，意味着中国的发展已经发生了跨越式变化。

2012 年 11 月 15 日以来，"美好生活"的声音在神州大地上飘荡。这是一种现实世界的追求，也是一种大历史的回应。美好生活的理念，起源于亚里士多德。作为现实主义的鼻祖，亚里士多德不同于其老师柏拉图以自己假定的理想国衡量现实，他主张从现实出发促进国家的发展。在亚里士多德看来，美好生活是指人们在拥有某些生活必需品（如食物和住房）后，经过深思熟虑会选择的生活方式。创造繁荣与实现美好生活，是同义语。亚里士多德是在引导人们了解选择正确道路的本质。

无论学者们如何界定美好生活，都牵涉一个关键问题：如何实现美好生活？2017 年 12 月 31 日，习近平总书记发表 2018 年新年贺词："广大人民群众坚持爱国奉献，无怨无悔，让我感到千千万万普通人最伟大，同时让我感到幸福都是奋斗出来的。"2006 年诺贝尔经济学奖获得者埃德蒙·费尔普斯指出，一个社会应该探寻和建立某种经济制度，为成员的共同利益服务；当且仅当一种经济制度允许并鼓励人们追求美好生活时，它才是一种美好经济；美好经济的活力和包容性，来自其调动的草根阶层的想象力和能量。[①]

大国政治家铿锵之声，有着理论探索的演绎回应，更有着普通百姓的实践回应。国家求"强"，商人求"富"，百姓求"福"。家国互动，中国特色社会主义市场经济体制铿锵前行。

2021 年 7 月 1 日，习近平总书记庄严宣告："中华民族迎来了从站起来、富起来到强起来的伟大飞跃，实现中华民族伟大复兴进入了不可逆转的历史进程！"不可逆转的历史进程，是历史大浪淘沙的结果，是世界意义的大事件，更是世界意义的发展规律。

旅居美国 60 年的历史学家许倬云感叹道，中国从来不能遗世而独立，

---

① 埃德蒙·费尔普斯. 大繁荣：大众创新如何带来国家繁荣［M］. 余江，译. 北京：中信出版社，2013.

中国的历史始终是人类共同经验的一部分；万古江河，不只属于中国，也属于全人类。[①] 正如文一教授在《伟大的中国工业革命："发展政治经济学"一般原理批判纲要》一书中指出的，中国的和平崛起意味着，一个以规模化大生产实现全球物质富裕的目标，一个让全球每一个民族都在全球分工链上获得同等待遇和尊严的目标，一个"太平世界，环球同此凉热"的目标，又迈进了一大步。[②]

专栏　新发展格局：世界生产中心与世界消费中心

2020 年，习近平总书记提出，要加快构建以国内大循环为主体、国内国际双循环相互促进的新发展格局。这意味着中国将成为世界生产中心和世界消费中心。改革开放以来，中国为世界贡献了一个生产中心，目前拥有 39 个工业大类、191 个中类、525 个小类，成为唯一拥有联合国产业分类全部工业门类的国家。未来时期，中国还将成为世界消费中心。中国有 14 亿多人，超过 4 亿中等收入人群，人均 GDP 已经突破 1 万美元，是全球最大和最有潜力的消费市场。2020 年 11 月，习近平总书记在第三届中国国际进口博览会开幕式上的主旨演讲中指出，让中国市场成为世界的市场、共享的市场、大家的市场。2020 年中国 GDP 约 15 万亿美元，人均 GDP 超过 1 万美元。2035 年 GDP 将超 30 万亿美元，人均 GDP 超 2 万美元（甚至更多）。

中国将从"世界工厂"变成"世界市场"。任何一个企业，都不可能忽视这个市场，只有深入参与这个市场，才是具有竞争力的。身兼世界生产中心和世界消费中心双重地位，这是全球化进程中中国前所未有的国际地位变化。

---

① 许倬云. 万古江河：中国历史文化中的转折与开展［M］. 长沙：湖南人民出版社，2017：540.

② 文一. 伟大的中国工业革命："发展政治经济学"一般原理批判纲要［M］. 北京：清华大学出版社，2016：281.

不忘初心，牢记使命，砥砺前行。中国经济奇迹，为天地立心，为生民立命，为往圣继绝学，为万世开太平。2021 年 7 月 1 日，习近平总书记强调："中国始终是世界和平的建设者、全球发展的贡献者、国际秩序的维护者！"

第四节　包容发展：中国经济奇迹的文明根性

一、包容发展：文明根性的核心要义之一

回望历史，中国之治，谋求政府与市场握手；直面现实，经济治理，追寻市场与政府动态平衡。回望历史，中国之治，有着"大一统"与"民本至上"的亘古传统；直面现实，经济治理，有着中长期规划与基层创新的美好生活奋斗。回望历史，中国之治，有着文明交流互鉴的自信包容；直面现实，全球治理，有着贡献重塑国际经济秩序的信心与构建人类命运共同体的愿景。

中国经济奇迹有着深远而又深邃的文明根性。回望历史，环顾全球，社会主义与市场经济、市场机制与政府作用、国有资本与民营经济、独立自主与对外开放等一系列结合表明，凡是西方"相反相克"的矛盾，中国都能转化成"相得益彰"的兼容；凡是西方"背道而驰"的张力，中国都能转化成"相向而行"的合力。

这一文明根性的核心要义是包容发展。回望历史，中国文化的内容和中国文化的空间不断变化：由以黄河流域为核心的"中国"，一步步走向世界文化中的"中国"；每一个阶段，"中国"面对他者的文化，不断接触、交换与融合，自己和他者的互动，使中国文化不断成长，也占有更大

的地理空间；中国文化真正值得引以为荣处，在于容纳之量与消化之功。①

中华文明秉承"各美其美，美人之美，美美与共，天下大同"的理念，团结一切可以团结的力量，谋求共生与发展。"太山不让土壤，故能成其大；河海不择细流，故能就其深；王者不却众庶，故能明其德。"包容之义，可谓放之四海而皆准。中国之治，崇尚海涵大量，虚怀若谷，宽容包纳；文化发展推崇开放包容；社会运营致力海纳百川、冷静克制。崇尚包容之道，乃人之核心要义，更是中国之治的理念支撑。我们所强调的包容发展与文化自信，并非基于狭隘的民族性和地域性，而是来自"人同此心，心同此理"的人类普适性和世界性。

二、儒家经济思想：聚集仁人与包容发展

儒家经济思想充分体现了包容发展的内核。《孔门理财学》是迄今所知中国人在美国正式刊行的首部经济学专著，作者陈焕章②梳理了中国传统学术中经济思想的发展脉络，向西方全面介绍了儒家经济思想以及中国历史上的经济活动。

该书开篇用《易经》里的一句话来解释："何以聚人曰财；理财正辞、禁民为非曰义。"理财、正辞、禁民为非三者，均以义贯穿其中。理财之目的在人，是为了聚集仁人。聚集仁人是目的，而理财是手段。

正义则为："大道之行也，天下为公，选贤与能，讲信修睦。故人不独亲其亲，不独子其子，使老有所终，壮有所用，幼有所长，鳏寡孤独废疾者，皆有所养；男有分，女有归；货恶其弃于地也，不必藏于己；力恶其不出于身也，不必为己。是故谋闭而不兴，盗窃乱贼而不作，故外户而不闭，是谓大同。"《礼记》的这段话是贯穿该书的核心思想。人人有饭

---

① 许倬云. 万古江河：中国历史文化中的转折与开展［M］. 长沙：湖南人民出版社，2017：序.

② 陈焕章（1880—1933），清末民初思想家、社会活动家。光绪三十年（1904）联捷甲辰恩科进士。1905年赴美留学。1911年获哥伦比亚大学哲学博士学位。主要著作有《孔门理财学》《孔教论》等。

吃，人人有衣穿，老有所养，少有所教，鳏寡孤独废疾者皆有所养，大家讲信用，和睦相处，很和谐、很美好地生活在一起。这样的"大同社会"，是儒家最高的社会理想，同时也是中国人世世代代追求的理想。可见，儒家经济思想超越了西方经济学中的理财观念。西方经济学以追求个人利益的最大化为出发点，而儒家经济思想则是以义理财，中国传统士大夫以"人人为我，我为人人"的思想去理财。"大同社会"不仅是中国最理想的社会模式，也是未来世界最理想的模式。

1911 年，《孔门理财学》出版之初，哥伦比亚大学夏德教授、施格教授即为之作序并高度赞扬。1912 年，凯恩斯在英国《经济学杂志》上为《孔门理财学》撰写评论。同年，威斯康星大学著名的社会学家、政治经济学博士罗斯在《美国经济评论》上发表书评，认为陈焕章"打通了中西经济传统，为西方的政治经济学接上了孔子以来的中国伦理学和社会学资源而得以相互补充"。1930 年，《孔门理财学》再版，《美国历史评论》刊文指出，作者"做出了破天荒的成绩"。熊彼特在《经济分析史》中特别强调该书的重要性，指出中国古代经济思想存在现代经济分析的因素。马克斯·韦伯在《儒教与道教》中将该书列为重要参考文献。摩根·维尔兹在《孔门理财学》导读中写道，"从此书中我们不仅能获得以中国为基础的经济理论的强有力的陈述，而且还有中国经济在未来可能如何进步的富有吸引力的暗示"。

《孔门理财学》在构建中国经济学话语体系的内涵与途径方面值得今天的我们借鉴。文化自信植根于作者对中国传统文化的热爱和坚守。陈焕章所相信、所坚守的是孔子"大道之行，天下为公"的理想。《孔门理财学》向世人证明，中国传统思想并没有落后于时代，从中可以不断发现有利于人类文明进步和发展的启示。

三、包容发展案例："国进民退"的表象与趋势

回到现实，国际上对中国经济"国进民退"问题争议不断。其实，很

多人只看到了表象，而没有认识到，这只是危急时刻的暂时替代。"国进民退"只是一种表象，是危急时刻多重力量综合作用的结果。

比如，2008年金融危机，金融海啸冲击传导到实体经济层面，导致中国通过出口消化国内过剩产能的局面难以为继，这是市场未能及时纠错所积累的矛盾的凸显，是市场失灵的一种表现。此时，按照历史经验和制度惯性，走出危机，需要依靠政府这只"看得见的手"，需要依靠以政府为主导的基础设施、重点产业等方面的固定资产投资发挥作用。危急时刻，需要全民总动员。民资的成长是一个渐进的过程。金融海啸对民企的冲击甚于国企，在此背景下，更多的民企在于求生，而难以救急，这就导致了"国进民退"的表象，其实质是金融危机冲击下"国资"对"民资"的暂时替代。

深入探究，就会发现本原力量是"国民共生共进共成长"。"国进民退"的争议，归根到底，是政府与市场关系的争议。包容发展的治理要义是，让政府这只"看得见的手"与市场这只"看不见的手"进行有效握手，实现经济社会的良性运行。这一握手的实质，是政府与市场的互补，需要政府增进市场。就长期而言，这种趋势是不可逆转的。这是政府与市场实现互补的本原力量的体现。

在危急时刻形成的"国进民退"的暂时替代行为，在本原力量的作用下，必将实现转换，实现"国民共生共进共成长"。比如，基本公共服务覆盖民企，通过医疗、卫生、教育、文化、社会保障等政府提供的基本公共服务的广覆盖，使民企的员工福利成本压力得以缓解，有利于民企的成长，有利于民企的资产组合和退出重组。同时，通过建立与完善多层次金融服务体系，激活民间投资。从产业链角度，国企与民企可以分工协作，实现大、中、小企业协作并存的共生局面；从产权角度看，二者打破壁垒，相互融合，优化治理结构。

国有经济与民营经济，本身就是一个经济社会系统的组成部分；二者的互动共生，就是包容发展的经典体现。

★ 重要概念

1. 李约瑟之谜　　2. 华盛顿共识　　3. 北京共识

4. 休克疗法　　5. 盎格鲁—撒克逊模式　　6. 莱茵模式

7. 政府与市场协同互补论　　8. 包容发展

★ 讨论与思考

1. 与西方国家相比，中国经济转型发展具有哪些独特之处和共性之处？中国经济奇迹，政府发挥了什么作用，市场发挥了什么作用？政府是如何增进市场功能的？

2. "中国经济崩溃论"为什么会崩溃？

3. 中国古代经济思想是如何影响西方兴起的？

4. 国内外历史经验表明，居民购买公共债券，是政府推进公共信用建设的重要机遇，更是推进"爱国主义资本化"的重要机遇。历史学家理查德·爱伦贝格曾说："如果不是在1693—1815年发行了9亿英镑的国债，英国就不可能成为今天的大不列颠帝国，不可能把半个地球征服在脚下。"1789年，美国首任财政部部长汉密尔顿《关于公共信用的报告》奠定了美国财政的基石，通过满足公债持有人的利益，把国家推向工业和财政发展的高速公路上。汉密尔顿宣扬，不管是愿意购买公共债券的人，还是为赚钱而卖出债券的人，都同样爱国。1917年，美国参与第一次世界大战，财政部部长麦卡杜营销战争债券，将其与爱国主义联系起来，推进"爱国主义资本化"。你如何看待"爱国主义资本化"？

★ 延伸阅读

1. 中华人民共和国国务院新闻办公室. 关于中美经贸摩擦的事实与中方立场 [M]. 北京：人民出版社，2018.

2. 彭慕兰. 大分流：欧洲、中国及现代世界经济的发展 [M]. 史建云，译. 南京：江苏人民出版社，2010.

3. 陈焕章. 孔门理财学 [M]. 北京：中央编译出版社，2009.

第五章

经济大循环：中国与美国的演进路径

本章导读

中国经济发展的逻辑主线是，以国内大循环促进国际大循环。1840年鸦片战争之前，中国一直是以国内大循环为主体，朝贡体制界定了国际贸易标准。从鸦片战争到1949年，中国被动纳入国际大循环。1949年至1978年，中国以国内大循环为主体。1978年至2018年，中国主动纳入国际大循环。2018年至今，中国进入以国内大循环为主体的时期。

美国经济发展的逻辑主线是，以国际大循环促进国内大循环。1776年，美国是一个农业社会，以农产品交换国外工业品。从建国到1860年美国内战前，美国是以国际大循环为主的。从美国内战到20世纪30年代大萧条时期，美国是以国内大循环为主的。从罗斯福新政到21世纪初奥巴马政府时期，美国是以国际大循环为主的，美国主导关税及贸易总协定与世界贸易组织。2017年特朗普政府力图把美国带入国内大循环，拜登政府延续这一态势。

中国一直是以国内大循环为主线的，美国是以国际大循环为主线的。中美两国，历史上第一次但可能不是最后一次，都站在了以国内大循环为主体的历史关口，都对国际大循环产生着重要乃至决定性的影响。实践证明，构建人类命运共同体乃是正途。

经济发展，其实就是两件事：怎么挣钱？怎么花钱？无论是个人、企业，还是政府，抑或国家（地区），都是如此。经济循环，生产、分配、流通、消费，每一个环节上的每一个人、每一个企业、每一个地区，都是围绕怎么挣钱和怎么花钱这两件事进行的。

这个循环的起点在生产。这就决定了：一个国家，想要生活得好（花钱），就要生产得好（挣钱）。为世界提供更好的产品和服务，至关重要。这进而决定了：一个国家是如何实现内循环和外循环互动的。中美两国的历史、现在和未来，都遵循着这个规律和趋势。

中国和美国，在地理上并不接壤，但自1784年以来，中美两国的交往从未分开。这一年，是中国龙年（清朝乾隆四十九年），是美国建国8年。这一年2月22日（农历正月二十七日），是美国独立战争领袖华盛顿将军的生日，一艘名为"中国皇后"号的轮船，满载对财富的渴望和对中华文明的幻想，从纽约出发，前往盛世中华，来到了中国广州，开启了两国相望、相遇、相探、相撞、相携的征程。这一征程，是中美两个国家各自的国内大循环和国际大循环的互动变迁过程，各自有主动，也有被动。其背后的基本遵循依然是想要生活得好，就要生产得好。

第一节　美国：从被动全球大循环到主动全球大循环

1784年的这艘轮船为什么叫"中国皇后"号呢？当时，美国人对中国不甚了解，他们想象，英国有女王，中国很可能也被一位女王统治着。为了讨好这位"中国女王"，这艘船被命名为"中国皇后"号。对中国不甚了解的美国人，为什么要无惧海洋惊涛骇浪、急切地到中国来呢？为什么要讨好他们想象中的"中国女王"呢？

一、美国独立前后被动的全球大循环

因为当时的美国处于被动的全球大循环之中。美国独立的时候，还是一个农业社会。18 世纪末，大约90%的美国人的大部分生活来源是务农，只有少量的家庭手工业和磨坊。即使到 1861 年南北战争前，食品和原材料出口（主要是棉花、小米）占美国总出口的 2/3 左右，制成品（主要是服装、金属制品）进口占美国总进口的约2/3。自1492 年哥伦布发现新大陆开启洲际的"哥伦布大交换"①（the Columbian Exchange）以来，美国人的工业消费品主要依赖欧洲（尤其是英国）的进口。没有从大英帝国进口的服装和毛毯、钉子和火枪、铁锅和斧头，美国人的生活水平将严重下降，甚至很难定居下来。美国人就这样被动地纳入了全球大循环。

严重依赖与大英帝国的海外贸易的状况，随着美国的独立而发生了变化。自 1776 年 7 月 4 日发表《独立宣言》宣告脱离英国独立、成立美利坚合众国以来，美国和英国打的独立战争一直持续，1783 年 9 月英美签订《巴黎和约》，英国正式承认美国独立。1784 年 1 月 14 日，美国国会批准对英和约，美国独立战争正式结束。

失去美国这个殖民地的英国，心有不甘，开始对美国进行经济封锁，关闭了美国商人洲际贸易的大门。当时，美国尚未进行西进贸易（西进贸易相当于北美大陆内循环），美国商人可能既没有能力也没有兴趣西进，毕竟西部尚未形成具有支付能力的市场。

1492 年 10 月 11 日晚，哥伦布站在"圣玛利亚"号（Santa Maria）船上看到了大西洋远处微弱的亮光。次日早上登岸。1492 年 10 月 12 日这一天，开启了新的全球化时代，"哥伦布大交换"开始重塑世界的格局。由

---

① 艾尔弗雷德·W·克罗斯比. 哥伦布大交换：1492 年以后的生物影响和文化冲击 [M]. 郑明萱，译. 北京：中信出版社，2018. 大航海时代，从美洲新大陆传到欧洲大陆的植物有玉米、土豆、红薯、木薯、南瓜、番茄、青椒、辣椒、四季豆、花生、榨油用向日葵、可可、香草、菠萝、牛油果、木瓜等；欧洲人把小麦、牛、羊、马等动植物带到美洲大陆。

此，北美大陆成为一片因全球化而被开发的土地。美国是一个因全球化而生的国家，是当时西欧（尤其是英国）重商主义的美洲实践，更是全球化在北美洲烙下的基因。做生意，是美国人的基因。

1784年的美国是一个农业社会，自己不能生产维持生活所需要的所有产品，必须走出去做生意，甚至不得不去一切他们可以到达的地方。这是一种被动的全球大循环。只有当这种迫切需求不复存在的时候，美国商人才会主要进行国内贸易。1791年12月美国财政部部长汉密尔顿提出《关于制造业的报告》，强调工业立国，指出美国的发展道路是发展制造业，使美国具有不依赖于其他国家制造业的自立能力。该报告的背景就是被动的全球大循环。当然，《关于制造业的报告》是美国寻求国内大循环的起点，后文将述。

美国人意识到，经济发展的关键是美国与世界其他地方的贸易联系。1784年的美国商人开始谋划新的洲际远洋贸易，将目光投向了遥远的中国。"到中国去"，成为美国新的国际大循环的开始。

"中国皇后"号来华，并非美国政府主导的行为，而是依靠美国商人为了挣钱的冒险精神来实现的。该船装载的货物很多，棉花361担，铅476担，胡椒26担，羽纱1 270匹，皮货2 600件，人参473担。[①] 该船于1784年8月下旬到达广州。船长约翰·格林这样记载："'中国皇后'号荣幸地升起了在这海域从未有人升起或看见过的第一面美国国旗！这一天是1784年8月28日。"船载货物在广州销售一空后，该船采购了很多中国货物回国，红茶2 460担，绿茶562担，棉布864匹，瓷器962担，纺织品490匹，肉桂21担。[②] 该船于1785年5月11日回到纽约，货物销售一空后，来回一趟，净赚37 727美元，利润率约为25%。

"中国皇后"号产生了巨大的示范效应，掀起了美国历史上的第一次

---

① 王元崇. 中美相遇：大国外交与晚清兴衰（1784—1911）［M］. 上海：文汇出版社，2021：107.

② 王元崇. 中美相遇：大国外交与晚清兴衰（1784—1911）［M］. 上海：文汇出版社，2021：107 – 108.

"中国热"。1785 年 8 月 17 日,乔治·华盛顿通过朋友和中间人向启航广州的船东订购了很多东西,一套上好的南京茶桌,一套大青花瓷器,一打青花瓷碗,12 件南京棉布。"中国皇后"号首航广州,商务经理是在独立战争中官至炮兵少校的山茂召(Samuel Shaw)。1786 年 1 月,山茂召因对中美贸易的贡献被美国任命为驻广州的首任领事。1786—1833 年,美国来华的船只有 1 104 艘。

无论是依赖欧洲贸易,还是依赖中国贸易,此时的美国,都不得不纳入被动的全球大循环。

二、美国南北战争前后开启国内大循环

18 世纪 80 年代末期,美国朝野发生了一场大辩论。汉密尔顿主张,美国要成为贸易强国,就要制造业和农业共同发展,要有强劲的金融系统。杰斐逊和麦迪逊认为,美国要继续成为农业国,应大力发展农业。杰斐逊的名言是,"耕种土地的人是上帝的选民"①。

这场辩论的判官,不是各自的学理,而是美国面临的被动国际大循环的形势。1790 年 1 月,华盛顿总统首次向国会提交的报告提出,人民的安全和利益要求促进制造业发展,以使他们能够不再依赖其他人提供必需品,尤其是军事供应。1791 年 12 月,美国首任财政部部长汉密尔顿提交了著名的《关于制造业的报告》。这份主张鼓励发展一个未发达国家的工业雏形的出色报告是美国历史上最重要和最有影响力的政策文件之一。报告的核心是发展多元化的工业体系,建立一个富有活力、自给自足的国家。美国人开始考虑,"我们对英国的供给比英国对我们的供给更重要"。这是美国人想要开启国内大循环的起点,尽管开局并不顺畅。

1793 年爆发并持续到 1815 年的英法战争,给了美国制造业发展的机遇。为了给战争筹集经费,1803 年法国拿破仑将路易斯安那州出售给美

---

① 道格拉斯·欧文.贸易的冲突:美国贸易政策 200 年［M］.余江,刁琳琳,陆殷莉,译.北京:中信出版社,2019:69.

国，使后者的领土范围加倍。中立的美国在航运业、商业、制造业领域快速发展。

随后的交通运输革命，推动了全国统一大市场的建立，将工业化的东北部地区、农业的中西部地区、棉花王国的南方地区紧密联系起来。1848年1月24日加利福尼亚金矿的发现，开启了美国的西进运动。1851年，在伦敦举办的万国工业博览会上，美国产品已经开始引起关注。1855年，英国的一个议会委员会赴美访问团惊讶地发现，美国机器在技术上比英国的机器精密得多。1860年，美国成为第二大工业国，仅次于英国；尽管用现代的标准看，这些工业企业依旧较小，但这标志着工业化已经阔步而来。此时，美国具备了国内大循环的逻辑起点。

1861—1865年的美国内战是美国外循环和内循环转换的一个转折点。战争刺激了北方工业的扩张。战争结束后，北方和南方的大市场统一了，南方的农业也开始西进运动。全国西进运动、内战结束、交通革命，形成了市场合力，需求和供给良性互动，美国由此开启了国内大循环。

美国从农业国迈向了工业国。到19世纪90年代中期，美国已经跻身于世界工业强国之列，1900年已经成为世界第一工业强国。到1910年，美国工业已经超过最大的竞争对手将近两倍多，英国已经滑落至第三。美国逐渐成为世界制造中心，并即将成为世界消费中心。

1914年爆发的第一次世界大战，对自动化工业、武器设备、航空器的需求，促使美国的机器工业走向成熟，科学管理、大规模生产开始逐步普及。此时，外循环促进了美国的内循环。

20世纪20年代，是美国激情澎湃的年代，也是美国的黄金时代。胡佛在1928年竞选总统时说："今天我们比任何国家的历史上都更接近于最后战胜贫穷。……只要给我们机会继续执行过去几年的政策，那么在上帝的保佑下，我们将很快看到把贫穷从这个国家驱除出去的那一天。"随着信用卡和消费信贷的普及，美国成为世界制造中心和世界消费中心，把外循环纳入了国内大循环。

三、大萧条开启美国主导产品国际大循环和资本国际大循环

胡佛总统消灭贫困的誓言话音未落，1929 年美国就发生了经济大萧条。大萧条的结果就是资本罢工，工人失业。1933 年，有 25% 左右的美国工人失业。美国强大的生产能力，立刻面临着需求不足。全球市场是美国化解产能过剩的出路。美国需要主动开启国际大循环。

1935 年春天，美国经济考察团访华，重要原因之一就是要继续保持对中国巨大的贸易顺差。1931 年，美国对中国出口 5.006 5 亿美元，顺差 3.083 9 亿美元，此后出口额和顺差逐年下降，美国亟须扭转这一颓势。1935 年 3 月 16 日，美国考察团到达第一站上海后，团长麦卡隆·福比斯强调，此行目的在于"研究中美两国过去、现在和未来的商务关系"。

1939 年爆发的第二次世界大战，为美国主导国际大循环提供了千载难逢的机遇。战争为美国工业提供了巨大的市场需求，促进了美国工业体系的升级，自动化、信息化和智能化雏形初现。美国由此彻底替代英国，成为世界第一强国。这场战争也迎来了一个数百万美国人首次能够分享中产阶级生活方式的时期，一个消费导向型社会逐步形成，美国梦似乎实现了。

1944 年，布雷顿森林会议设立了世界贸易组织（时称关税及贸易总协定）、国际货币基金组织、世界银行等国际组织，迈出了美国主导国际大循环和美元成为国际坚挺货币的步伐。

此时，美国主导的国际大循环主要是产品国际大循环。"二战"之后，美国支援欧洲的马歇尔计划，主要目的之一是尽快恢复和稳定欧洲市场。1949 年 8 月，美国国务院发布了一部白皮书——《美国和中国的关系》。该书的主要目的是辩护，其中附有国务卿艾奇逊致杜鲁门总统的信："中国内战的不祥的结局超出美国政府控制的能力，这是不幸的事，却也是不可避免的。"许多美国人，听闻此言，那是大吃一惊。随即，美国展开了一场"谁丢掉了中国"的大辩论。从经济的角度看，"谁丢掉了中国"的

问题背后，是谁丢掉了中国大市场。美国人是痛心疾首的，毕竟，在全球大循环中丢掉了一块大市场。

"二战"之后，美国不仅主导产品国际大循环，而且开始主导资本国际大循环。1950年爆发的朝鲜战争，使日本意外成为美国的军事基地和生产基地，也开启了美国生产能力的国际转移。

1980年4月，首家中美合资企业北京长城饭店开业，开启了美国对华直接投资的新篇章，激发了美国企业家到中国投资的理性冲动。美国企业家发现，中国有如此多的劳动力，在他们眼里，中国那密密麻麻的人群就是白花花的银子。美国开始再一次享受中国的人口红利。

1985年针对日本和德国的广场协议表明，美国是不允许其他国家染指主导国际大循环的。全球人造东西，美国人卖东西，一直持续到2008年的金融危机爆发。

四、金融危机使美国重新认识国内大循环

全球人造东西，美国人卖东西，带来一个直接后果是美国产业空洞化。产业空洞化是指，通过对外直接投资，产业部门转移到海外，国内制造业部门逐步缩小。产业走出国门，再回来就很不容易了。20世纪80年代以后的美国走在产业空洞化的道路上。1985年，广场协议作为一个标志性事件，日本和亚洲新兴工业化经济体掀起对中国及东南亚的直接投资热潮，美国开始进行产业金融化，虚拟经济开始超过实体经济。美国次贷危机和欧洲主权债务危机警示各国：实体经济稳定发展对一国（地区）经济安全与可持续发展至关重要。美国"再工业化"、德国"工业4.0计划"和欧洲"未来工厂计划"等相继实施，昭示着回归制造、发展制造、振兴制造已成为全球发展共识。

其实，美国主导全球资本国际大循环、引领全球价值链，对美国化解危机至关重要。2008年，美国发生金融危机，但很快就缓解了金融危机的冲击，避免了发生像1929年那样的经济大萧条。其主要原因之一是美国

公司约有 1/3 的利润来自境外，只要其他国家（尤其是中国）经济平稳发展，美国公司的利润受源自本国金融危机的冲击便有限。资本输出改变并强化了美国对抗危机的能力。

但金融危机的冲击，改变了美国人的认识，即要强化主导国内资本大循环和产品大循环。2016 年 11 月 8 日意外竞选总统成功的特朗普，奉行"美国优先"原则，2017 年 1 月 20 日正式上台后，就把矛头指向了中国。2017 年 11 月 8 日，特朗普访问中国，签了一个 2 535 亿美元的空前的经贸大单。回到美国，特朗普就拒绝了中国根据《中国加入世界贸易组织议定书》第 15 条获得市场经济地位的要求。2018 年 3 月，特朗普正式开始和中国打贸易战。美国想国际大循环和国内大循环并重，想继续主导国际经济秩序。

2020 年 11 月战胜特朗普竞选总统成功的拜登，2021 年 1 月 20 日上台后，祭出"三支箭"刺激经济增长，分别是《救济法案》（约 1.9 万亿美元）、《美国就业计划》（约 2.3 万亿美元）、《美国家庭计划》（约 1.8 万亿美元）。约 6 万亿美元的经济刺激政策，堪比 20 世纪 30 年代初期应对大萧条的罗斯福新政。这是美国以国内大循环为主、兼顾国际大循环的战略部署。

第二节　中国：从国内大循环到国际大循环

一、"中国皇后"号为何来到广州

1784 年，"中国皇后"号启航中国的原因，我们清楚了，为了拓展美国的国际大循环。但为什么要到广州呢？为什么不是中国的其他地方呢？因为此时，它只能来到广州；因为此时，全球经济大循环正处于"广州贸易体制"之中。

1700—1842 年，可以称之为广州贸易时代。1684 年，清朝康熙皇帝实行开海贸易政策，在东南沿海设立粤、闽、江、浙四大海关，作为管理海上对外贸易的行政机构。1757 年，乾隆皇帝决定只保留粤海关独家管理对欧美贸易事务，广州成为海上贸易大港。乾隆皇帝为什么只保留粤海关呢？

根据"走出非洲"的人类起源假说，人类应该在很久远的年代之前（史前时代）就到了西太平洋，在靠潮水或接近潮水的地方生活，把海洋文明传播到环太平洋亚洲地区。贸易应该是主要的传播媒介之一。早在公元前 2 世纪的汉朝，中国已经是太平洋地区的海洋强国了，对太平洋的影响力在宋朝达到新的高峰，南海的贸易扩张也随之在 1400—1430 年达到顶峰。明朝郑和下西洋在马六甲海峡留下的中国移民及其后代，建设并推动马六甲海峡走上繁荣富裕之路。

作为"千年商都"的广州，地处粤港澳大湾区"V"字形的顶点，具有天然的地缘优势。历史上，广州一直"因港而兴"。自秦汉时期起，广州就已是世界上著名的贸易港口，元代与古埃及的亚历山大港并驾齐驱。广州一直拥抱着以商业文明为代表的海洋文化，从汉代就有了海上贸易，唐宋时期的海上丝绸之路通达波斯湾和东非等国。广州的天然海湾，成为海洋商业的服务站和恶劣天气的避险所。中外商人很快就在广州达成贸易协议，这些贸易协议逐步标准化，形成了相对稳定的游戏规则。广州贸易的连续性就这样形成了，这是中国其他港口所不具备的。季风气候的周期性特征和市场合约的标准化，形成了交易的可预期性与确定性，市场就具有了规模经济效应。这主要是基于天时地利的市场结果，化解自然风险和市场风险具有了可行性。

更为重要的是，广州贸易连续性为政府带来了白花花的银子。财政收入增加了，乾隆龙颜大悦，就让广州成为唯一的海上贸易大港。

广州贸易的伟大时代，从 17 世纪末期到 1840 年鸦片战争之后，持续了 150 年左右。广州著名的"十三行"①，就是在这个时期发展壮大的。1840 年鸦片战争，改变了一切。不平等条约的结果就是，上海开埠，香港兴起，广州贸易体制终结。②

"中国皇后"号来到广州，只是当时中国经济通过国内大循环促进国际大循环的一朵小浪花。因为 1840 年以前的中国，就是以国内大循环为主体、兼顾国际大循环的。

二、兼顾国际大循环：朝贡和互市

人们常说，1492 年哥伦布发现新大陆，开启了东西方经济发展历史大分岔的序幕，拉开了全球化的序幕。其实，全球化始于更早的年代。彼得·肯迪在《全球性转变：重塑 21 世纪的全球经济地图》一书中指出，全球化是一种趋势，是一组复杂而又不确定的过程而不是某种最终状态；这些趋势是不均衡的，无论在地理空间上，还是在组织机构上。③ 在人类历史上，中国引领着全球化。自汉朝以来，横跨欧亚大陆的丝绸之路是陆地确定性时代的"全球化"之路，可以称之为"丝绸之路大交换"。1877年，德国地理学家费尔迪南·冯·李希霍芬在《中国：亲身旅行和据此所作研究的成果》第一卷中，首次提出"丝绸之路"。20 世纪初期，法国汉学家沙宛在《西突厥史料》中首次将"丝绸之路"拓展包含海上贸易部

---

① 广州十三行，是清政府指定专营对外贸易的垄断机构。康熙二十四年（1685），政府分别在广东、福建、浙江和江南四省设立海关，粤海关设立。粤海关名义上专管对外贸易和征收关税事宜，实际上税收营生都是由十三行出面主持、承接包揽的项目，其中包括代办报关纳税、商品购销买卖等业务。当时广州商人经营华洋贸易，二者不分，开放海禁之处，并没有设置专营外贸商行。次年，两广总督吴兴祚、广东巡抚李士祯和粤海关监督宜尔格图共同商议，将国内商税和海关贸易货税分为住税和行税两类。住税征收对象是本省内陆交易的一切落地货物，由税课司征收；行税征收对象是外洋贩来货物及出海贸易货物，由粤海关征收。建立相应的两类商行，以分别经理贸易税饷。前者称金丝行，后者称洋货行（即十三行）。

② 范岱克.广州贸易：中国沿海的生活与事业（1700—1845）[M]. 江滢河，黄超，译. 北京：社会科学文献出版社，2018.

③ 彼得·肯迪. 全球性转变：重塑 21 世纪的全球经济地图 [M]. 刘卫东，等译. 北京：商务印书馆，2007.

分，被后来的学者衍生出"海上丝绸之路"。尤其是唐朝以后，海上丝绸之路逐渐兴盛。海上丝绸之路，从太平洋的中国东南沿海，经过中南半岛和南海诸国，穿过浩瀚的印度洋，进入红海，抵达东非和欧洲，形成了"海上丝绸之路大交换"。宋朝的海上贸易关税，从 10 世纪的 50 万吊（一吊为 1 000 个铜币）增长到 11 世纪的 6 500 万吊，到 12 世纪初关税收入占全国财政收入的 20%。[①] 这一时期，海上丝绸之路逐步替代陆上丝绸之路。明朝时期，海上丝绸之路已经扩展至全球。1405 年，郑和率领舰队第一次出海，1407 年成功返航回到中国。郑和及其时人代表着一个时代。明朝的海上活动的主旨是和平，主旋律是和谐与宽容。由此，这种远洋贸易将中国、欧洲、印度、非洲等紧密联系在一起。中国开启并引领了全球经济贸易大循环，这是由海洋运输的低成本和海洋不确定性降低等因素所综合决定的。[②]

朝贡，是一方将财富给另一方，表示顺从或结盟。君主国，臣民献上礼物给君主；藩属国，向君主国献上礼物。这是地方臣服于中央或藩属国臣服于君主国的表示。朝贡体系也称宗藩体系。自公元前 3 世纪始，到 19 世纪末，在亚洲形成了以中国中原帝国为核心的朝贡体系。

朝贡制度，带来了朝贡贸易。皇帝收到异邦贡品，往往龙颜大悦，会赏赐琳琅满目的礼品。这彰显中国大国对化外之民的恩赐，却不经意间形成了政府间贸易体系。中国的瓷器、丝绸等，走向了各邦，恩泽各国人民。朝贡制度，逐步培养出人们共同的偏好，设立了商品的品质标准。中国的时尚，就是各国的时尚；中国的品位，就是各国的品位。各国人民，以拥有中国的物品为荣。当然，各国人民也千方百计（甚至不择手段）地从中国获得更多的物品。朝贡制度培养了共同偏好，界定了品位，促进了

---

① 菲利普·德·索萨. 极简海洋文明史：航海与世界历史 5000 年［M］. 施诚，张珉璐，译. 北京：中信出版社，2016：78.

② 到了 21 世纪，"中欧班列"运营路线开通，为欧亚大陆的货物运输提供了一个新的渠道。但这不意味着，欧亚大陆的货物贸易将重回铁路时代，也不是为了替代海运，而只是海运的一种补充，因为陆路运输成本依然高于海洋运输成本。

更大规模的私人贸易。这就逐步形成了以朝贡制度为主导的世界贸易体系。朝贡制度，确定（派生）了多种贸易规则，摸索出适合国际贸易的货币制度。朝贡制度就如同今日的世界贸易组织！比如，古今中外，世界人民都喜欢中国瓷器。世界人民都知道，瓷器（China）就是中国，中国（China）就是瓷器。其实，很多国家的名字，都与这个国家曾经拥有的贸易品有关。比如，Japan（漆器）成了日本国名，Brazil（红木）成了巴西国名。中国领导人的国礼，多是瓷器、丝绸，那是有悠久的历史传统的，更是世界各国的消费时尚和消费偏好。

朝贡贸易体制的背后是，中国生产得好！在朝贡贸易体制之外，还有一个互市（做生意）体制。自唐以降，中国在沿海设立市舶司，管理海上贸易。很多国家的船只可以直达中国港口，通过市舶司进行双边贸易，这是互市制度。这些国家被中国列为互市诸国，不同于进京朝贡然后进行双边贸易的宗藩国家。宋代为了边界安全抑制了内陆贸易，鼓励发展海洋贸易。元朝实现大一统后内陆贸易与海洋贸易并重。明朝为打击反叛势力和沿海走私，严厉推行海禁政策。其实，即使明朝反对对外贸易，希望将对外贸易纳入朝贡体系之中，但1509年开放了广东，允许广东在传统朝贡体系之外开展特定规模的民间贸易。到了清朝，海外互市诸国逐步向朝贡贸易体制靠拢，形成了朝贡与互市合流的趋势。

18世纪的广州一口通商，指的是中国对西洋诸国在广州通商，而不是对所有外国都在这一个地方通商。在宗藩体制下，中国对来华朝贡和互市的外国，都设定了具体的指定区域和进京路线①，英国、法国等西洋诸国先到广州，琉球先到福建，越南先到广西，东北高丽、西北俄罗斯也都有指定区域和进京路线。

朝贡和互市背后的现实是，中国是世界第一大经济体，也是世界上最大的政治实体。这个第一大经济体，是以国内大循环为主体的。

---

① 王元崇. 中美相遇：大国外交与晚清兴衰（1784—1911）[M]. 上海：文汇出版社，2021：37.

　　至晚在公元前六七千年，中国地区的人类发展了农业，开始了定居生活。在农业社会，无论是黄河流域，还是长江流域，中国的农业可以长期自我维持。秦汉时期建立了"天下家国"体制，政府管理下的精耕农业、市场网络和文官组织成为内循环的基础条件。在公元 8 世纪以前，中国约有 3/4 的人口生活在以旱地小麦和谷子为作物的北部。公元 960—1280 年间宋朝人口几乎增加了 1 倍，人均收入提高了约 1/3，农业经济增长一定程度上依赖于水稻种植的广泛推广。到 13 世纪末期，3/4 的人口生活在长江以南。① 一个盛产水稻、水运便利的地区以较低的成本养活着中国人口。1700—1840 年间人口增加了 3 倍多，但人均收入并没有下降，主要得益于来自美洲的旱地作物（玉米、甘薯、马铃薯和花生）的应用推广。

　　更为重要的是，唐朝和宋朝以来人口密度的增加刺激了国内贸易，农产品市场化的比重快速提高，这进而带动农业专业化、水利工程、手工业快速发展，并刺激航运业和造船业及相关工业的发展。当时中国生产得好决定了生活得好。农村家庭不仅从事耕地、播种、施肥、除草、灌溉、养护、收割等劳动密集型生产活动，还从事菜园、果园、养鱼、养蚕、喂养猪和家禽等活动。同时，农村家庭还从事工业生产，包括纺织、制衣、皮革制造、榨油、碾米脱粒、茶叶干燥和制作、烟草制作、酱油、蜡烛、桐油、酒、草藤竹制品、砖瓦、车船、农舍等。这个实现国内大循环的国内贸易是一个连接各个地区的乡村市场所形成的商业网络，这个商业网络的空间载体就是城市。唐宋以来的中国城市文明，是领先于欧洲的。"中国各地，经由市场网，有商品的集散和流通。市场网依附于道路网，以经济交换功能，将中国凝聚成为一个难以分割的经济共同体，其整合的坚实，竟可超越政治权力的统合。"② 在 16—18 世纪，中国发生了一场商业革

---

　　①　安格斯·麦迪森. 中国经济的长期表现：公元960—2030 年［M］. 修订版. 伍晓鹰，马德斌，译. 上海：上海人民出版社，2016；序言 1.

　　②　许倬云. 万古江河：中国历史文化的转折与开展［M］. 长沙：湖南人民出版社，2017：121 – 122.

命①，国内大宗商品远距离贸易快速发展，全国性市场逐步形成，海外贸易进一步扩张。中国远距离贸易古已有之，唐宋主要以食盐和粮食为主，16—18世纪以布和丝绸等手工业品为主。江南经贸区、珠三角经贸区、长江中上游经贸区、华北经贸区、西北经贸区等形成了全国大宗商品交易网络。这一商业革命推进了中国城市化进程，苏州成了全国性中心市场，成为当时最发达的江南地区的城市映像。

正如历史学家许倬云教授所言，"将中华文化圈当做不断扩张的过程，由中原的中国，扩大为中国的中国，东亚的中国，亚洲的中国，以至世界的中国"②。贡德·弗兰克指出，如果说在1800年以前有些地区在世界经济中占据支配地位，那么这些地区都在亚洲。如果说有一个经济体在世界经济及其"中心"等级体系中占据"中心"的位置和角色，那么这个经济体就是中国。③

中国以国内大循环为主体、兼顾国际大循环的一个结果是，中国贸易顺差巨大。从1493年到1800年，世界的黄金和白银75%以上产自美洲，绝大部分运往欧洲，欧洲又将其中的大部分运往亚洲（主要是中国和印度）。这一货币旅途意味着，欧洲需要从中国进口商品，却不能出口同等数量的商品，只能用黄金白银来结算贸易逆差。的确，中国有茶叶，有丝绸，有瓷器，有香料，有胡椒，这些都是欧洲人民所需要的。中国的农业文明和工业文明，吹拂着欧洲。中国想买欧洲的产品，可买的却不多。贸易顺差，那是必然的。当时中国经济总量天下第一，贸易顺差天下第一。当时中国，颇有独步天下的风采。

———————

① 唐文基.16—18世纪中国商业革命［M］.北京：社会科学文献出版社，2008.

② 许倬云.万古江河：中国历史文化的转折与开展［M］.长沙：湖南人民出版社，2017：序言3.

③ 贡德·弗兰克.白银资本：重视经济全球化中的东方［M］.刘北成，译.成都：四川人民出版社，2017：5.

三、鸦片战争开启百年被动国际大循环

人世间竞争永恒。如果别人为世界提供了更好的产品和服务，世界的货币选票，就可能为别人投票。自 1500 年世界市场大联通以来，西半球，一个明星国家正在冉冉升起。英国，一个小店主国家，悄悄地发生了工业革命。世界大市场的需求，工业革命的供给，在英国擦出了激烈的火花。对外贸易，催生了一个日不落帝国，把半个地球踩在脚下。

1792 年 9 月 26 日，英国政府任命马戛尔尼为正使，出使中国，为乾隆皇帝祝贺八十大寿。这是西欧国家政府首次正式向中国派出使节。当然，祝寿只是表象，英国人想解决的还是，怎么减少英国对中国的贸易逆差呢？中国从英国挣了太多的钱，英国人是不爽的。马戛尔尼带了很多人，随员 80 余人包括天文数学家、艺术家、医生，还有 95 名卫兵，由兵船护送。寿礼也很多，有天文地理仪器、图书、毯毡、军用品、车辆、船式，总计 600 箱。英国人选寿礼，还是很用心的，不仅要展示英国的工业文明，展示一下工业革命的成果，更是要告诉中国人，英国有好多东西，中国人可以买。

1793 年 8 月，使团到达北京。马戛尔尼没有想到，旧主和新贵，在礼仪上掰起了手腕。中方坚持要叩首觐见皇帝，英方坚持单膝跪地觐见。旧主和新贵，心中都有一种傲气，都有一种自大，结果不欢。乾隆皇帝虽然见了使团，但龙颜甚是不悦。皇帝不高兴，不仅是礼仪问题，更是利益问题，因为英方提出了 6 点通商要求。核心就是，英国可以在中国多个地方自由通商。龙颜不悦，英方的要求自然被断然拒绝。1794 年，使团离开中国。团员安德逊说："我们的整个故事只有三句话：我们进入北京时像乞丐；在那里居留时像囚犯；离开时则像小偷。"中英官方的第一个正式回合，就结下了梁子。英国还是不甘心的，毕竟工业革命的成果是需要输出的，中国的市场那是必须争取的。

1816 年，英国派阿美士德出使访华，想再次商讨中英贸易事宜，企图

进一步打开中国市场。此时的英国，那是自信满满，1815 年刚刚打败法国的拿破仑，日不落帝国体系渐渐形成。更为重要的是，英国的帝国特惠体制①也逐步形成。英国的产品，在附属国，基本上畅通无阻。英国使团自我感觉良好，没想到又因为礼仪问题，没有见到嘉庆皇帝。正面交手，连连碰壁，巨大的贸易逆差使英国很不爽。只能采取其他手段了，那就走私吧。走私什么呢？很多种商品，但份额最大的是鸦片！

鸦片是奢侈品，开始只有富人消费得起。富人消费一向具有示范效应，加上鸦片成瘾的性质，穷人也开始消费了。穷人也消费奢侈品，英国人就挣了很多钱。穷人、富人都消费奢侈品，这个社会可承受不了，哪有那么多钱。1839 年，清政府开始禁烟，林则徐虎门销烟震惊了英国。正式谈判不行，走私不行，那就只能打架了。1840 年，英国的炮舰就开到了中国。农业文明的中国，打不过工业文明的英国，那就只能投降，只能开放市场了，虽然心中千万个不愿意。英国打败了世界老大中国，就正式上位了，成为真正的日不落帝国。

1840 年，英国的炮火打开了我国的国门。其实，伴随工业革命春风而发展起来的欧洲来敲我国大门时，最想废除的就是朝贡制度。因此美国第六任总统约翰·昆西·亚当斯说了一句名言："鸦片战争的真正原因，不是鸦片，而是磕头。"天生追求经济利益的市场经济国家，不想磕头，就用炮火打碎了我国的朝贡体系。中国以国内大循环为主体、兼顾国际大循环的发展格局就很难持续下去了。

1840 年鸦片战争后，上海开埠，香港兴起，广州贸易体制终结，这意味着中国被动纳入了国际经济大循环。上海就是一个典型案例。上海开埠后，取代广州成为中国最大的商品转运站。具有"零售革命"意义的百货公司很快就兴起了。欧美百货公司的兴起，与 19 世纪工业化和机械化所

①　1932 年帝国特惠制正式签署协议，但在此之前随着英国殖民体系建立而有着一个逐步形成的过程。1932 年 7 月，帝国经济会议在渥太华召开。本着"己国生产者第一，帝国生产者第二，外国生产者最后"的原则，英国和自治领及自治领之间签订了 11 个双边协定。其实质就是，帝国贸易是优惠的，非帝国贸易是靠边站的，这是一种不平等关系。

造成的生产过剩有关，商人谋求将仓库里的货物尽快卖出去。百货公司成为"大量生产，大量消费"的组织形态。"零售革命"是用来解决"生产革命"所造成的问题。上海出现代表"零售革命"的百货公司，但并没有相应的"生产革命"为基础，其销售的物品主要是舶来品，与国内生产线的关联性较小。① 百货公司带来的是消费主义的盛行。开埠之前的南京路只是一条田间小道，到了 20 世纪 30 年代已经成为车水马龙的商店街。十里洋场，带来的是"洋灯""洋布""洋油""洋钉""洋车"的盛行。一个"洋"字，意味着中国被动纳入国际经济大循环的无奈。

的确，在前现代社会，粮食是市场经济的绝对主角，此时中国农业及相关联的工业可以长期自我维持，通过长途贸易和集市网络实现内循环。在现代化进程中，粮食的地位下降，工业制成品成为主要的消费品，生产能力不强的工业制成品走进了外循环的通道。

19 世纪 60 年代洋务运动开启，清朝一些较为开明的官员主张利用西方先进的生产技术，强兵富国，摆脱困境。从 19 世纪 60 年代到 90 年代，他们掀起了一场"师夷长技以制夷"的洋务运动。洋务运动前期（19 世纪 60 年代到 70 年代）口号为"自强"（军队），后期（19 世纪 70 年代到 90 年代）口号为"求富"（民生）。主要是采用西方先进技术，创办一批近代军事工业（安庆内军械所、江南制造总局）和民用工业（汉阳铁厂、湖北织布局），同时筹划海防（建立北洋、南洋、福建三支海军）、创办新式学堂（京师同文馆）、派留学生出国等。

李鸿章提出"中国欲自强，则莫如学习外国利器；欲学习外国利器，则莫如觅制器之器，师其法而不必尽用其人"，主张"觅制器之器与制器之人"，抓住了工业化的要义，但传统考八股文的科举制是很难培养"制器之人"的。李鸿章认识到，"洋务运动"迟早要突破"求强"的军工范围，进入"求富"的民用领域，不仅要建兵船，还要建商船，用机器生产

---

① 连玲玲. 打造消费天堂：百货公司与近代上海城市文化［M］. 北京：社会科学文献出版社，2018：16.

民用产品。由于当时的政治经济掣肘，只能采取官督民办的形式。轮船招商局是洋务派创办的第一个从"军工"转向"民用"、从"求强"深化为"求富"、从"官办"转向"官督民办"的企业。

1894年，中日甲午战争，中国遭到了失败，日本攻陷北洋海军的基地威海卫，标志着洋务运动的破产。1894年6月，28岁的孙中山先生怀抱满腔的富国富民热情，给李鸿章写了一封信："欧洲富强之本，不尽在于船坚炮利，垒固兵强，而在于人能尽其才，地能尽其利，物能尽其用，货能畅其流——此四事者，富强之大经，治国之大本也。"①

年轻气盛的孙中山先生接着说："我国家欲恢扩宏图……仿行西法以筹自强，而不急于此四者，徒惟坚船利炮之是务，是舍本而图末也。"② 这相当于否定了19世纪60年代以来李鸿章掌舵的洋务运动，这相当于批评李鸿章舍本图末了。心中怀有"三千年未有之大变局"的李鸿章没有理睬孙中山先生。

孙中山先生后来那句名言"世界潮流浩浩荡荡，顺之则昌，逆之则亡"，既有大道至简的警示意义，又有无奈苍凉的悲愤意义。人尽其才，地尽其利，物尽其用，货畅其流，必须要有真正市场意义上的企业制度。无论是孙中山先生，还是翻译《国富论》的严复先生，都隐隐约约体会到了这一关键。但洋务运动的官督民办（其实质是歧视民企）就先天性地决定了其后来的命运，当然，我们必须正确认识李鸿章在千年帝制历史传统中开启工业化的进步意义。

1914年第一次世界大战爆发，本是各国出口的一个重大机遇，美国抓住了，但中国没有能力抓住这一机遇。之所以没有能力，是因为我们没能力生产得好。20世纪30年代，中国经济已经受到了国际产品的剧烈冲击。著名社会学家费孝通在1935年开始思考、1939年出版的《江村经济》一

---

① 梁启超. 李鸿章传［M］. 北京：东方出版社，2019：130.
② 梁启超. 李鸿章传［M］. 北京：东方出版社，2019：130－131.

书中指出，该村新兴的蚕丝业衰落了，因受国际蚕丝价格的冲击。①

中国生产向何处去？这是一个经济问题，一个民生问题，更是一个政治问题。此刻，我们不能忘记马克思提出的人类社会发展的基本规律：生产力决定生产关系，生产关系反作用于生产力。

四、新中国经济内循环与外循环的变迁

经济学原理告诉我们，一个没有财富积累的人，要想多挣钱，那就要用自己的能力和才华，好好地为社会服务，让市场为你的能力和才华定价。一个企业要想挣钱，那就要提供社会所需要的、更多的、更好的产品和服务。一个国家要想富起来，归根结底，也是要能够生产更多、更好的产品和服务，不仅满足本国居民需要，还要满足世界人民需要。一个国家，只有握手世界市场，只有能够挣世界人民的钱，才能够尽快富起来。

中华人民共和国成立后的首要任务是发展经济，尽快建立产业体系，解决生产得好的问题。由于冷战，新中国学习的榜样是苏联。苏联重工业优先发展战略取得了极大的成功。1928 年到 1940 年，仅用 10 多年时间，苏联就走完西方发达国家上百年的路程，成为仅次于美国的第二大工业国。为尽快建立新中国独立的工业体系，党中央选择了重工业优先发展战略。1953 年第一个"五年计划"就这样出发了。第一个"五年计划"期间，苏联对新中国工业领域援助 156 个项目。重工业优先发展，是一个系统工程，需要整个产业链条的垂直一体化。重工业企业是一个大型组织，相应的主要原材料和外汇来源地的农村，也需要组织有序，成为一个大型组织。当时的农村合作社是内生于重工业优先发展战略的。整个计划经济就是以国内大循环为主体。

1978 年启动改革开放的中国，也想尽快富起来，那就要握手世界市场了。当时的中国，无论是国有企业的放权让利，还是乡镇企业的崛起，生产的产品多是满足国内供不应求的短缺市场，虽然也有出口，却非主流。

---

① 费孝通. 江村经济［M］. 北京：北京大学出版社，2012.

中国开始主动切入全球价值链。

纵观世界历史，全球化与一个国家（地区）发展的互动，决定了这个国家（地区）的发展趋势与未来前景。通过全球化与国家发展良性互动，实现复兴伟业，中国需要夯实微观基础。在全球化背景下，一个国家（地区）经济发展，由小到大，由大变强，一般经历三个阶段：切入全球价值链—构建国家（地区）价值链—引领全球价值链。

中国经过10多年生产能力的成长，到了20世纪90年代初期，短缺市场渐渐消失了。企业的日子没有那么好过了，不能仅仅靠挣国内人民的钱了，也需要挣世界人民的钱了。挣世界人民的钱，可不是一件容易的事情，国内的生产能力不一定符合世界人民需要，怎么办呢？那就加工贸易，"三来一补"（来料加工、来料装配、来样加工和补偿贸易）。请世界上有能力的企业到中国生产，再出口到全世界，或者进口些零部件，组装成产品，出口全世界，挣点钱。中国的企业，自己学习，提升能力，也去挣点世界人民的钱。恰好，美国的资本国际大循环正在全球扩张，日本因广场协议而开始产业国际转移。中国成为外商直接投资的目的地。世界人民开始喜欢"MADE IN CHINA"的产品了，物美价廉呀！我们开始挣世界人民的钱了。中国全面切入全球价值链。

慢慢地，中国出口美国的产品越来越多，挣的钱多了，顺差就出现了，而且越来越大。这一不小心，中国成了顺差国。央行的外汇储备增加并买了美国国债。这就相当于，用来支付购买中国商品的美元，以低息贷款形式回到美国。这些低息贷款，又在美国金融系统中重复循环，创造出更多的廉价信用。中国生产，美国消费。中国挣的美元回流到了美国。由于这一特殊的经济关系，一不小心，中国成为债权国。这个关系的奇特之处在于，两个国家都不缺钱花，各自国内都启动了货币创造。廉价货币信用，促进了中美各自的快速发展。其实，两个国家，都有些焦虑，甚至很焦虑。中国担心其积累美元的全球购买力突然崩溃，美国担心其外部融资突然中断。想一想，这一关系有点可怕，这是一种恐怖的金融平衡关系。

这一恐怖局面，如何缓和，似乎无解，但又必须求解。

美国人有些坐不住了，中国挣世界人民的钱似乎太快了。2009年中国经济总量世界第二；2010年中国制造业世界第一，外汇储备世界第一。顺差国，债权国，这些当年美国的历史荣光，被中国悄悄接手。

2018年，对财务数据极其敏感的企业家总统特朗普，就不顾一切地和中国打贸易战。这是中国人想不到的，也是美国人想不到的。但也有人想到了。1991年12月，在瑞典斯德哥尔摩诺贝尔经济学奖得主盛会上，经济学家张五常对米尔顿·弗里德曼说，世界将会看到，中国将有10亿～12亿劳动人口加入国际贸易，20年后地球的经济结构会有很大的转变。[1]

中国制造业世界第一，标志着中国全面切入全球价值链的阶段性任务已经完成。中国贡献给世界的不仅是"工业制造中心"，而且是一个巨大的"需求形成中心"。未来时期，中国要探索培育国家价值链、引领全球价值链的可持续发展路径。2020年，习近平总书记提出，要加快构建以国内大循环为主体、国内国际双循环相互促进的新发展格局。这意味着中国将成为世界生产中心和世界消费中心。改革开放以来，中国为世界贡献了一个生产中心，未来时期中国还将成为世界消费中心，将从"世界工厂"变成"世界市场"。中国身兼世界生产中心和世界消费中心双重地位，这是全球化进程中前所未有的国际地位变化。

习近平总书记多次指出，面对错综复杂、快速变化的形势，我们要保持清醒头脑，从坏处准备，争取最好的结果，牢牢把握主动权。牢牢把握主动权，是发展理念和发展路径的重大突破。从被动纳入国际循环，到主动引领经济发展，既是大国发展理念的转换，更是寻求引领全球价值链这一伟大复兴可持续机制的需要。

其实，1817年，拿破仑就从长时段视角看到了这一趋势："中国是一头沉睡的狮子，一旦被惊醒，整个世界会为之震动。"拿破仑这句话，是说给英国人听的。当时，英国使团阿美士德出使中国失意而归，途经拿破

---

① 张五常. 中国的经济制度［M］. 北京：中信出版社，2009：175.

仑的囚禁之地圣赫勒拿岛，见到了拿破仑。阿美士德向拿破仑讲述了自己在中国的经历，并认为：中国表面强大，背后却是泥足巨人，只有通过战争，才能敲开中国的大门。拿破仑对这种看法充满了蔑视，并说出了那句著名的话。拿破仑的意思是，如果中国人一旦掌握了新的知识技能，结果将会震惊整个欧洲大陆乃至全世界。

第三节　殊途共归：跳出"修昔底德陷阱"

中美两个国家，殊途共归。一直以来，中国是以国内大循环为主线的，美国是以国际大循环为主线的。中美两国，历史上第一次但可能不是最后一次，都站在了以国内大循环为主体的历史关口，都对国际大循环产生着重要乃至决定性的影响。如何引领并主导全球价值链，这是中美应各自解决抑或联手解决的一个重大问题。

其实，全球化进程中，区域性的内循环也是一种态势。《区域全面经济伙伴关系协定》（RCEP）将于 2022 年 1 月 1 日正式实施。该协定的实施意味着东亚市场一体化和产业一体化的进程加快。北美、欧盟是东亚各国出口导向型经济的传统主导市场，东亚各国都是纳入国际大循环的。RCEP 意味着，东亚各国开始进行东亚内部大循环。对中国而言，北美、欧盟、日本是传统主导出口市场，但中美经贸摩擦以来，尤其是新冠肺炎疫情暴发以来，东盟市场逐渐成为最重要的出口市场。RCEP 恰好契合了中国对外经贸市场格局大调整的态势。

中国已经成为世界制造中心，美国也想制造业回归，并已付诸行动。2018 年 6 月 28 日，美国总统特朗普出席了富士康威斯康星州工厂破土动工奠基仪式。他对富士康计划建立液晶屏幕工厂的举动盛赞不已，称其为"世界第八大奇迹"。日理万机的总统最稀缺的是时间。商而优则仕的特朗普，特别喜欢花时间和企业家打交道，最喜欢各国企业家到美国投资。特朗普团队是蒙代尔的信徒。1957 年，蒙代尔就发表了《国际贸易与要素流动》，提出了贸易与投资替代模型。蒙代尔的信徒，很会理论联系实际：表面上打打贸易摩擦，实际上在打投资战。蒙代尔的信徒，更会进一步创新，把投资拉过来，顺便也把相关贸易拉过来，投资具有贸易创造效应。

2018 年，中美经贸摩擦，是各自以国内大循环为主体的第一次碰撞。即使特朗普下台，拜登总统上台，这一碰撞必将持续。这一次的碰撞，能否跳出"修昔底德陷阱"至关重要。

一、修昔底德陷阱

2015 年 9 月 22 日，中国国家主席习近平访美，在西雅图欢迎宴会上的演讲中指出：世界上本无"修昔底德陷阱"，但大国之间一再发生战略误判，就可能自己给自己造成"修昔底德陷阱"。"修昔底德陷阱"指的是什么？习主席为什么这么说呢？

修昔底德（Thucydides），约公元前 460 年出生于雅典的一个贵族家庭，其家族在沿海地区拥有金矿开采权。当时的雅典，正处于鼎盛时期，哲学、科学、历史、戏剧等全面开花。在雅典长大的修昔底德，自然受到了良好的教育，多才多艺，文武双全。

公元前 431 年 6 月，雅典和斯巴达打起来了，史称"伯罗奔尼撒战争"。当时，这是两个强邦，都想当霸主。斯巴达是古希腊城邦的老大，雅典是古希腊的核心城市。这一打，就是数十年，直到公元前 405 年，强大的雅典海军惨败，霸权均势被改变了，斯巴达成为希腊世界的霸主。公元前 404 年，战争正式结束。

当时的人们，颇具尚武精神，认为男人就应该打仗，就应该上战场。年轻气盛的修昔底德，投身军旅，战功显著，公元前 424 年被推选为雅典的"十将军"之一。骁勇善战的修昔底德，有一次率舰队增援友军，未能及时到达，被认为贻误战机且有通敌之嫌，就被革职放逐了。人生无常啊！有时候真是福祸相依！

上帝关上了一扇门，就必然会推开一扇窗。文字，是最好的心情疗伤药。此后的 20 年间，修昔底德始终关注着战争进展情况，随时记下具体过程。作为军事家的修昔底德，变成了文学家和历史学家。直到公元前 404 年战争结束，他才获得特赦，得以重返故乡雅典。后来，他出了一本书《伯罗奔尼撒战争史》，这本书奠定了其在西方史学界的重要地位。因为这本书不仅证据收集严格、标准、全面、系统，其因果分析更是丝丝入里，清晰准确地阐明了国家之间的政治行为与产生的后果，以及其背后的利益逻辑。

修昔底德在叙述战争过程和分析历史事件因果关系时十分注重经济因素，故被称为"历史科学"之父。书中有一句话极其著名："使战争不可避免的真正原因是雅典势力的日益增长由此而引起的斯巴达人的恐惧。"

这句话被 2 400 年以后的一位美国人发扬光大。2012 年，美国学者格雷厄姆·艾利森发明了一个词"修昔底德陷阱"。艾利森担任过美国国防部部长特别顾问，哈佛大学肯尼迪政府学院首任院长，现任哈佛大学贝尔弗科学与国际事务中心主任。

为给 21 世纪中美关系定性，艾利森特意把两千多年前的修昔底德请出来为自己助威，杜撰了一个词"修昔底德陷阱"：一个新崛起的大国必然要挑战现存大国，而现存大国也必然会回应这种威胁，这样战争变得不可避免；守成大国（Ruling Power）与崛起大国（Rising Power）之间的冲突是不可避免的。其实就是说，世界的老大和老二，一定会打起来。他旁征博引，举了很多历史上新崛起大国挑战现存大国的事例。比如，第一次世界大战，是新崛起大国德国挑战当时的现存大国英国。艾利森写了一本书《注定一战：中美能避免修昔底德陷阱吗?》①，一下子"修昔底德陷阱"风靡全球。该书认为，随着中国实力迅速提升，美国长久以来拥有的

---

① 格雷厄姆·艾利森. 注定一战：中美能避免修昔底德陷阱吗? [M]. 陈定定，傅强，译. 上海：上海人民出版社，2019.

全球优势地位受到了挑战。从历史的角度来看，《伯罗奔尼撒战争史》中雅典和斯巴达的战争历史，对理解当下中美关系的发展至关重要。修昔底德在书中指出，"使战争不可避免的真正原因是雅典势力的日益增长由此而引起的斯巴达人的恐惧"，艾利森将此定义为"修昔底德陷阱"。该书聚焦崛起中的中国对于美国及全球秩序的影响这一问题，对历史上 16 个崛起大国与守成大国进行全球竞争的案例和战争场景进行分析，指出中美之间的冲突是可以避免的。该书认为，"修昔底德陷阱"是一个结构性压力，在现今中国和美国都提出让各自的国家"再次伟大"的时代背景下，两国妥善处理在关键领域的利益分歧，可避免灾难性战争的发生。同时，作者在书中还为中美如何避免发生战争冲突提供了 12 个具有借鉴意义的方法。

"修昔底德陷阱"似乎成了国际关系的铁律。其实，艾利森的这个词，只是换了个马甲，研究国际关系的学者觉得就是那么回事。1958 年，密歇根大学教授奥根斯基（A. F. Kenneth Organski）写了一本书《世界政治》，提出了一个权力转移理论——"在现有的国际秩序完全确立，完成了利益分配之后积累了足够实力"的那些强大而不满的国家，较有可能成为国际体系的挑战者。由于主导国不肯出让更多的利益，挑战国便试图通过自身快速增长的、与主导国匹敌甚至赶超主导国的实力，改变原有体系的秩序、原则，谋求体系中更符合自身实力的地位，以便享有它们认为应得的特权。挑战国挑战原有体系的成功，意味着权力由一国向另一国过渡，标志着一个新秩序的开启。

那么，2018 年，中美贸易摩擦，双方有没有、会不会发生战略误判呢？双方能否破解"修昔底德陷阱"呢？

二、贸易的猜忌①

"由于贸易的猜忌而动怒，一个现代民主大国何等地误解了其真正利

---

① 本节部分引文转引自：伊斯特凡·洪特. 贸易的猜忌：历史视角下的国际竞争与民族国家［M］. 霍伟岸，迟洪涛，徐至德，等. 南京：译林出版社，2016.

益所在，并准备发动或继续发动战争，以取得商业上的优势，甚至只是为了实现商业均势！"约翰·吉利斯 1797 年这样说道。

"贸易的猜忌"这个词因 1758 年大卫·休谟的论文《论贸易的猜忌》而扬名："商业上有发展的那些国家之间最常见的现象就是：对于别国的进步感到疑惧，将所有的贸易国都视为自己的对手，总以为其他国家的繁荣必定会使本国受到损失。"休谟是很反对贸易的猜忌的。贸易的猜忌，把地球变成了经常上演商业战争的大剧场。持剑经商，贸易的逻辑屈从于战争的逻辑。

1776 年，亚当·斯密出版的《国富论》，也是反对贸易的猜忌的。但贸易的猜忌，确确实实成为国家理性在国际贸易中的应用。伊斯特凡·洪特一语中的："贸易的猜忌，反映了这种贸易杀气腾腾的竞争本质。"亚当·斯密精辟地指出：国内政治中，爱国主义是一种充满了利他内涵的积极现象；对外关系中，爱国主义导致对其他国家大量的系统性偏见。

贸易的猜忌，把爱国主义变成了民族主义，或者说经济民族主义。商业国家，变成了商业民族国家。弗里德里希·李斯特说得很对："经济学家们没有看到现代经济发展的政治—军事根源，将经济学化约为一门关于个人行为的科学了。"

亚当·斯密出版《国富论》的目的，就是要摧毁贸易的猜忌。他给出了贸易猜忌的替代性方案：争胜。他说，"争胜是一种对我们自己应该具备的长处的渴望，它最初建立在我们对他人的卓越能力的钦佩之上"，"任何一个国家的政治经济学的宏伟目标都在于增加该国的财富和实力"。

其实，1669 年法国经济大臣柯尔贝尔就说过："商业是所有国家之间比拼才智和干劲的永久而和平的战争。"对人类来说，贸易不是奢侈品，而是必需品。全球自由贸易别无他选。更早的时候，亚里士多德就提出"需要联合一切"的观念。

商业的本质，就是一种潜在的全球性活动。请记住，贫穷和失业唯一的补救办法是经济增长。为这个世界提供更好的产品和服务，才是真正着眼于未来的王道！请记住：争胜比猜忌更重要。

争胜的核心就是要生产得好。不仅自己生产得好，还要大家一起合作生产得好，毕竟，全球化分布式生产体系已经不可逆转。

三、构建人类命运共同体

全球经济大循环，无论以内促外，还是以外促内，都必须认清一个事实：全球化的态势是不可逆的。2019 年达沃斯世界经济论坛的论题是"全球化4.0：打造第四次工业革命时代的全球架构"，这意味着，我们进入以数字为纽带的全球化新阶段。世界经济论坛创始人兼执行主席克劳斯·施瓦布强调，全球化发展已进入新阶段，各方应努力，保证未来的全球化发展更具包容性和可持续性。第四次工业革命改变的一个重要的游戏规则就是，超地方化和超全球化的兴起。其背后，不仅仅是贸易的全球化，而且是研发、生产、投资和服务的全球化，是信息共享和数据资源的全球化。在全球化新时代，正如《地球是平的》一书所言，全球化在一定程度上确实也推平了一些阻碍国家与国家之间、民族与民族之间、人与人之间的障碍，使各种交流、合作空前活跃，促使生产力挣脱某些束缚，使生产关系在某种程度上得到改善，社会发展也得以不断提速。①

1996 年，德国当代哲学家尤尔根·哈贝马斯出版了《包容他者》一书，提出了"后民族国家理论"②。他指出，不断增长的多元主义和经济全球化的残酷进程，引领我们进入后民族国家时代；世界范围内的交往，超越了自然语言以及特殊符号（主要是货币和法律）的限制；世界社会已经成为一个风险共同体，面对经济全球化及其风险，需要超越民族国家的组织创新；欧盟是一种超越民族国家的组织；超越民族国家，不是消灭民族国家，而是"扬弃"民族国家。哈贝马斯秉承了德国哲学家黑格尔的理

---

① 托马斯·弗里德曼.地球是平的［M］.长沙：湖南科学技术出版社，2006.
② 尤尔根·哈贝马斯.包容他者［M］.曹卫东，译.上海：上海人民出版社，2018.

念：任何成熟的历史形态都将走向衰落。这意味，全球化时代，因应时代变化的经济、政治、社会等组织架构的创新极其重要。然而，这一理念的演进和实践进程，不可避免地充满艰辛、挑战甚至迂回。基辛格博士在《世界秩序》一书中指出，国际经济体系已经全球化，世界政治结构还是以民族国家为基础，国家依然是国际生活的基本正式单元；经济繁荣取决于全球化的成功，而这一进程经常产生不利于实现夙愿的政治反映。① 因此，基辛格博士说，"评判每一代人时，要看他们是否正视了人类社会最宏大和最重要的问题"②。我们每一个人，都必须认识到，这是全球的发展大势。

但是，如何进行经济、政治、社会等组织架构的创新，才是解决问题的关键。当前，"逆全球化"和全球分离主义虽然时有兴风作浪，但非主流。全球化时代的经济、政治、社会等组织框架创新的制度红利，需要人们通过创新来释放。

人类命运共同体，是全球化的必然趋势。2012 年，党的十八大明确提出"要倡导人类命运共同体意识，在追求本国利益时兼顾他国合理关切"。习近平总书记出席博鳌亚洲论坛 2015 年年会时提出了"通过迈向亚洲命运共同体，推动建设人类命运共同体"的倡议。2017 年 10 月 18 日，习近平总书记在十九大报告中提出，坚持和平发展道路，推动构建人类命运共同体，促进全球治理体系变革。

全球经济大循环，无论由外而内，还是由内而外，需要每一个国家的联手。我们不能陷入"历史决定论的贫困"，回望历史，是为了未来。作为负责任的全球利益攸关者，我们需充分认识到基辛格博士的那句话："中美彼此需要，因为两国都太大，不可能被他人主导；太相互依赖，经受不起彼此孤立。"

---

① 亨利·基辛格. 世界秩序［M］. 胡利平，林华，曹爱菊，译. 北京：中信出版社，2015：482－484.

② 亨利·基辛格. 世界秩序［M］. 胡利平，林华，曹爱菊，译. 北京：中信出版社，2015：491.

★重要概念

1. 经济循环 　　2. 朝贡体制　　3. 新发展格局　　4. 贸易摩擦

5. 修昔底德陷阱　　6. 以内促外　　7. 以外促内　　8. 经济全球化

★讨论与思考

1. 请举例说明"一个国家，要想生活得好，就要生产得好"。

2. 当年英国的帝国特惠体制为什么会消失？

3. 你知道"百货商店"是何时出现的吗？为什么会出现呢？

4. 铁路建设对美国经济发展产生了什么影响？高铁建设对中国经济发展产生了什么影响？

5. 1929 年经济大萧条和 2008 年经济大衰退对世界的影响都很大。请查找资料并思考：这些大事件，对你所在的国家（地区）、家庭及自己产生了哪些影响？影响机制是什么？

★延伸阅读

1. 罗纳德·哈里·科斯，王宁. 变革中国：市场经济的中国之路 [M]. 徐尧，李哲民，译. 北京：中信出版社，2013.

2. 范岱克. 广州贸易：中国沿海的生活与事业（1700—1845）[M]. 江滢河，黄超，译. 北京：社会科学文献出版社，2018.

第六章

向湾而生：陆海互动的历史与未来

本章导读①

　　人类经济社会的发展，是一个空间拓展的过程。海洋经济和湾区经济，是其关键组成部分。人类向洋而生，实现了全球大交换的空间转换，从"土地—农耕"模式迈向"海洋—贸易"模式，从丝绸之路大交换迈向海上丝绸之路大交换。人类向湾而生，是风险化解的空间选择的理性演进。粤港澳大湾区是向湾而生的典范。

---

　　① 　本章的教学内容有一定的区域特色，教师可以根据课时安排和学校所在区域酌情选择讲授。湾区作为人类经济发展史的重要空间组成部分，其过去与未来值得重视。

人类经济社会的发展，是一个空间拓展的过程，从陆地到海洋，从海洋到陆地，不断演进，形成了具有特色的海洋经济和湾区经济。湾区经济发展史，是人类经济发展史的关键组成部分。其间，拓展新的生产要素，突破边际报酬递减规律，都践行了经济学逻辑，既有规模经济，亦有范围经济。

第一节　向洋而生：全球大交换的空间转换

我们生活的星球，被称为蓝色星球，因为它的面积超过 2/3 是蔚蓝色的大海，不到 1/3 是陆地。本来这个星球应该叫做水球，或者"洋球"，抑或"海球"，它之所以被称之为"地球"，是因为人类居住在大地上，是这个星球的主人，人类的文明在这儿发展、创新并传承着。的确，人，不仅是一个生物性的实体，还可能是企业家、教师、工人、农民或者其他任何身份。这些身份，体现了人的主观能动性，这决定了个人的微观动机和社会的宏观行为的互动基础。

一、从"土地—农耕"模式迈向"海洋—贸易"模式

人类经济社会的发展史，是一部和不确定性斗争的历史。人类想尽各种办法认知这个世界，力图把不确定性变为确定性，进而改造这个世界。

在哥伦布发现美洲新大陆之前，"土地—农耕（游牧）"模式主导了人类的文明发展，因为人类对海洋还没有充分的认知。在人们心中，土地的确定性战胜了海洋的不确定性。正如 H. W. 朗费罗在《大海的秘密》中所言："你想了解大海的秘密吗？舵手们回答：只有那些勇敢面对危险的

人，才能真正理解它的秘密！"①

加勒比诗人德里克·沃尔科特认为大海应该载入史册，"在哪里，你的丰碑，你的战场，你的烈士们？在哪里，你的部落记忆？英雄们，在苍穹，在大海。大海，把他们锁了起来。大海即历史"②。

的确，大海就是历史。1492 年 10 月 11 日晚，哥伦布站在"圣玛利亚"号船上看到了大西洋远处微弱的亮光。次日早上登岸。1942 年 10 月 12 日这一天，开启了新的全球化时代，"哥伦布大交换"③ 开始重塑世界的格局。大海成为洞察历史的公共空间，成为全球性的跨国空间，成为跨国交流的竞技场，成为历史变革的发动机。

此后，"海洋—贸易"模式开始主导人类文明的进程，因为人们开始认清并掌握了海洋的习性，有能力把不确定性转化为确定性。海洋，已经不再是人类发明和勇气的最大挑战，而是全球经济的通衢。人类经济社会的发展过程，就是人和物流动的过程。流动的成本低，经济社会才能发展快。流动，就需要交通运输网络。世界上最多的是水，海洋为人类提供了免费高速公路。正如维克多·雨果在《海上劳工》中所言："大海与海风共同构成了一个复合有机体。大海的力量是无穷的；船的力量是有限的。这两个有机体，一个用之不竭，另一个足智多谋，而他们之间的斗争叫做航海。"④

在铁路出现之前，水路运输比陆路运输成本要低得多。在明清时期的中国，谷物通过陆路运输，每走 1.6 公里，一袋谷物的价格就要上涨 3%，

---

① 菲利普·德·索萨. 极简海洋文明史：航海与世界历史 5000 年［M］. 北京：中信出版社，2016：207.

② 约翰·迈克. 海洋：一部文化史［M］. 冯延群，陈淑英，译. 上海：上海译文出版社，2018：7.

③ 艾尔弗雷德·W. 克罗斯比. 哥伦布大交换：1492 年以后的生物影响和文化冲击［M］. 郑明萱，译. 北京：中信出版社，2018.

④ 约翰·迈克. 海洋：一部文化史［M］. 冯延群，陈淑英，译. 上海：上海译文出版社，2018：133.

一块煤的价格就要增长4%。① 自此，企业家们开始替代带领军队出征的将军们，越过海洋，走向世界。海洋是一片将世界各个国家和地区连接起来的浩瀚"公地"，可以实现全球可达。人类社会正式进入贸易打造的世界。从此，贸易打造的世界变得浑然一体，我们的存在和我们的思维都无法置身其外。②

因此，人们常说，1492年哥伦布发现新大陆，开启了东西方经济发展历史大分岔的序幕，拉开了新的全球化的序幕。从此，人类社会进入了向洋而生的时代。

二、从丝绸之路大交换迈向海上丝绸之路大交换

在人类历史上，中国曾经引领全球化。横跨欧亚大陆的丝绸之路，是陆地确定性时代的"全球化"之路，可以称之为"丝绸之路大交换"。

唐朝以后，海上丝绸之路逐渐兴盛。海上丝绸之路，从太平洋的中国东南沿海，经过中南半岛和南海诸国，穿过浩瀚的印度洋，进入红海，抵达东非和欧洲，形成了"海上丝绸之路大交换"。宋朝时期，海上丝绸之路逐步替代陆上丝绸之路。明朝时期，海上丝绸之路已经扩展至全球。1405年，郑和率领舰队第一次出海，1407年成功返航回到中国。郑和及其时人代表着一个时代。由此，中国开启并引领的全球经济贸易大循环，也进入向洋而生时代。

可见，能否向洋而生，能否与全球化顺畅互动，决定着一个经济体发展的未来前景。无论积极拥抱，还是闭关拒绝，全球化的脚步一直没有停止，一直裹挟着一切前行。正如沃尔特·雷利爵士的格言所描述的，"谁

---

① 彭慕兰，史蒂文·托皮克. 贸易打造的世界：1400年至今的社会、文化与世界经济［M］. 黄中宪，译. 上海：上海人民出版社，2017：95.

② 彭慕兰，史蒂文·托皮克. 贸易打造的世界：1400年至今的社会、文化与世界经济［M］. 黄中宪，译. 上海：上海人民出版社，2017：8.

控制了海洋，谁就控制了贸易；谁控制了贸易，谁就控制了世界"①。

以海洋为中心，世界发展史分为以下阶段："古代的海"地中海使罗马商业帝国得以发展；"伊斯兰的海"印度洋使伊斯兰商圈得以发展；"欧洲的海"大西洋使以英国和美国为代表的近代资本主义得以发展；"21世纪的海"太平洋将亚洲和美洲联系起来，将使亚洲经济飞跃进入新时代。②

19世纪60年代，美国以贯穿东海岸与西海岸的太平洋铁路为代表的铁路建设实现了"大地的改造"，大大推动了美国经济发展。西部大开发之后，美国通过开发从太平洋到中国的海上边境得以推动新的快速发展。美国是一个海洋国家。欧洲国家只有大西洋，美国却还有太平洋和亚洲。美国需要完成内陆经济向海洋经济的战略转换。被称为"海权论思想家"的纽波特海军大学校长阿尔佛雷德·赛耶·马汉提出了建设海洋帝国战略。③ 如何实现这一战略呢？美国学习的对象是当时唯一成功转变为海洋国家的英国。美国奉行门罗主义，保持与欧洲互不干涉；同时，瞄准巨大的中国市场和亚洲市场，开发太平洋到中国的"海上边境"。美国的世界制造中心在东海岸（大西洋海岸），想要进军太平洋，必须联通大西洋和太平洋。为了日益剧增的国家利益，西奥多·罗斯福总统秉承"语气温柔，手持大棒，万事亨通"的外交哲学，探索新机遇，加强美国的财富和威望。其大事件之一就是修建并控制巴拿马运河，这是一条连接大西洋和太平洋进而联通全球市场的人工运河，一条"美国大陆—夏威夷—菲律宾—中国"的世界市场通道就这样形成了。④ 正如《共产党宣言》所言：

———————

① 格雷格·克拉克. 全球城市简史［M］. 于洋，陈静，焦永利，译. 北京：中国人民大学出版社，2018：43.

② 宫崎正胜. 简明世界经济史：金钱推动下的人类进程4 000年［M］. 徐娴扬，译. 北京：北京时代华文书局，2019.

③ 阿尔佛雷德·赛耶·马汉. 海权论［M］. 一兵，译. 北京：同心出版社，2012. 马汉在1895—1905年间相继完成了"海权三部曲"：《海权对历史的影响：1660—1783年》《海权对法国革命和法帝国的影响：1793—1812年》《海权与1812年战争的关系》。

④ 刘金山. 美国经济转型的全球化路径与中国贡献［N］. 南方日报，2019-06-10.

"由于开拓了世界市场，使一切国家的生产和消费都成为世界性的了。"①
美国成为真正意义上的世界制造中心。

英国城市经济学家格雷格·克拉克总结了历史上十大贸易路线：公元
前 1000 年至公元 400 年，地中海；公元前 400 年至公元 17 世纪，丝绸之
路；1050—1500 年，地中海；1250—1550 年，欧洲西北部（汉萨同盟）；
1500—1750 年，非洲沿岸和印度洋；1500—1800 年，大西洋三角贸易；
1600—1800 年，东南亚到拉丁美洲；1850—1940 年，泛太平洋地区；1945
年至 20 世纪 70 年代，北美和欧洲地区；20 世纪 80 年代至今，亚太地
区。② 除了丝绸之路外，9 条贸易路线都是向洋而生。从空间竞争视角看，
在古代，陆路极易被某个强国控制，但控制海洋的可能性较小。海峡、海
域、海岸和各个海洋都在大范围开放，相较于陆地，海洋提供了更多的
机遇。

根据世界银行的统计，全球约 60% 的经济总量集中在入海口，75% 的
大城市、70% 的工业资本和人口集聚在距离海岸线 100 公里以内的地区。
人类的的确确在向洋而生，海洋把全人类连接起来，成了人类命运共同
体。大国争霸的世界近代史亦昭示，所有大国的兴衰都几乎取决于海上。③
尤其是，"16 至 17 世纪海上贸易的扩张在很大程度上奠定了 21 世纪的世
界经济发展，包括其优势和缺陷"④。地球 71% 被海水覆盖，航线成为经
济发展的先行资本并带来无限的市场贡献；海洋生物、海底矿产等为经济
发展提供了产品贡献和原料贡献；海中生产经营、填海成地为经济发展提
供了空间要素贡献；海洋美景资本化成为旅游业源源不断的收入流。大

① 马克思，恩格斯. 共产党宣言 [M]. 北京：人民出版社，1992：29.

② 格雷格·克拉克. 全球城市简史 [M]. 于洋，陈静，焦永利，译. 北京：中国人民
大学出版社，2018：14 – 15.

③ 笔者并非主张"海权决定历史进程"，而是强调"海权和陆权的结合具有重大的
影响力"。英国 20 世纪以前的崛起有赖于两大支柱：海上霸权和均势外交。当然，其背后
是综合经济实力的支撑。

④ 菲利普·德·索萨. 极简海洋文明史：航海与世界历史 5000 年 [M]. 北京：中
信出版社，2016：91.

海，既是资源，更是途径。

三、向湾而生：风险化解的空间选择

向洋而生，但自然界的习性很难捉摸，人类很难胜天半子。虽然人们可以高呼"让暴风雨来得更猛烈些吧"，但自然界的风暴是无情的，必须以理性来对待。海洋的不确定性或风险，只能想方设法规避或者化解。

以自然界的确定性，化解自然界的不确定性，是成本最小的风险化解方式，尤其是在科学的力量还难以做到"船大好冲浪"的情况下。1912年4月15日，当时世界上最大的豪华游轮"泰坦尼克"号在首航北美途中，撞到流动冰山而不幸沉没，造成1 500多人死亡的大悲剧。这是人类科学实践的一次大试错，是自然界对人类理性的一次大挑战。

顺势而为，寻找自然界的确定性，自然就是湾区了。风平浪静时冲出湾区；狂风暴雨时退守湾区。海洋湾区，在海洋不确定性中，拥有诸多的确定性，因为湾区把土地（确定性）和海洋（低成本）的优势结合在了一起，可以有效地化解自然风险，可以随着季节变化而形成周期性贸易模式，可以形成能够稳定预期的贸易标准化规则，可以开拓无限的市场和获取合意的利润。① 这样，海岸线上的入海口或河口三角洲即海洋湾区，就自然而然成为人和物聚集与经过的地方。这样，湾区也就成为向洋而生时代最为繁荣的地方。湾区人，既是咸水居民，也是淡水居民。湾区成为陆地和海洋之间互惠互利机制的具体实现平台，这是由湾区特有的海洋与陆地相互联系的转换能力所决定的。

的确，我们必须承认，历史的创造，终究依附于陆地，而不是海上。

---

① 1864年，清政府设立粤、闽、江、浙四大海关，四大海关的贸易垄断地位悄然形成。广州位于粤港澳大湾区最里面的避风地，同时广州贸易的标准化和连续性是中国其他港口所不具备的。更为重要的是，广州贸易连续性为政府带来了可持续的财政收入流。1757年，乾隆皇帝让广州成为唯一的海上贸易大港，广州贸易的绝对垄断地位就此形成，广州贸易的伟大时代就这样开启了。详见：范岱克.广州贸易：中国沿海的生活与事业（1700—1845）［M］.江滢河，黄超，译.北京：社会科学文献出版社，2018.

作为事件发生的平台，海洋在功能上从属于海岸。用作锚地的众多港口和海湾，相当于复杂神经网络当中的节点，连接着海洋和陆地。① 法国年鉴学派代表人物布罗代尔对地中海的研究极具影响②，但其所重视的并非地中海本身，而是它的诸多港口、海岸和岛屿，重视的是各海岸和港口之间的联系。这一联系是基于一切种类的交换关系，不仅包括经济层面，还包括政治和文化层面。可见，地中海是一个复杂的关系综合体。

向洋而生，在一定程度上，就是向湾而生。这是一个经济体顺应全球化趋势而以世界发展作为本金的过程。经济发展，无论是按照亚当·斯密"分工决定于市场范围"的市场动力机制，还是按照熊彼特"创造性破坏"的创新动力机制，抑或二者的结合，最终都要取决于一个经济体融入全球化的过程。

以世界发展作为本金，海洋湾区成为一个空间起点和经济组织形态集聚区，湾区经济成为一个经济体的龙头和产业发动机，进而成为世界经济发展的领导者。纽约湾区、旧金山湾区、东京湾区是全世界高端生产要素最为集聚的地区与全世界最为繁荣的地区，成为世界各地经济发展的参照系。纽约湾区共有世界500强企业28家（2015年），以银行保险业、金融科技业为主。旧金山湾区集聚了美国40%以上的风险资本投资和15.2%的专利授权数量，共有世界500强企业22家（2015年）。东京湾区GDP约占日本的1/3，共有世界500强企业60家（2015年）。2016年波士顿咨询公司发布的全球最具创新性的50个公司中，分布在纽约湾区、旧金山湾区和东京湾区的分别为6个、12个和2个。

海洋湾区经济发展往往伴随着全球城市的出现。湾区经济的领导力，主要体现为全球城市领导力。全球城市领导力的关键特征是：贸易与交通网络；具有开拓精神的多元化人口；对贸易体系的创新与影响；对新市

① 罗德里希·普塔克. 海上丝绸之路［M］. 史敏岳，译. 北京：中国友谊出版公司，2019：4-6.
② 费尔南·布罗代尔. 地中海与菲利普二世时代的地中海世界［M］. 吴模信，译. 北京：商务印书馆，2013.

场、新产品和新实践的探索；地缘政治机遇。① 这些关键特征，也是湾区经济领导力的关键特征。这些关键特征的核心是：要为世界发展做出新的贡献；创新才是持续发展的不竭动力。湾区经济体只有为世界提供更好的产品和服务，世界人民的货币选票才有可能为湾区投下信任票。

第二节　顺势而生：粤港澳大湾区

一、粤港澳大湾区：统筹海陆发展的全球实践

向湾而生，海陆经济融合统筹发展，是一个经济体的理性选择。2019年2月18日，中共中央、国务院印发了《粤港澳大湾区发展规划纲要》（以下简称《纲要》）。建设粤港澳大湾区，是习近平总书记亲自谋划、亲自部署、亲自推动的国家战略。这一国家战略，开启了中国经济社会发展向洋而生的新时代。放眼世界，粤港澳大湾区即将成为具有深远世界影响力和领导力的一个新湾区。

粤港澳大湾区包括香港特别行政区、澳门特别行政区和广东省广州市、深圳市、珠海市、佛山市、惠州市、东莞市、中山市、江门市、肇庆市，总面积5.6万平方公里，2017年末总人口约7 000万人，经济总量约10万亿元（约1.6万亿美元）。粤港澳大湾区以全国0.58%的面积养活了全国5%的人口，创造了全国20%的经济总量。因此，粤港澳大湾区是我国开放程度最高、经济活力最强的区域之一，在国家发展大局中具有重要战略地位。

《纲要》对粤港澳大湾区的战略定位是：充满活力的世界级城市群；

---

① 　格雷格·克拉克. 全球城市简史［M］. 于洋，陈静，焦永利，译. 北京：中国人民大学出版社，2018：2.

具有全球影响力的国际科技创新中心；"一带一路"建设的重要支撑；内地与港澳深度合作示范区；宜居宜业宜游的优质生活圈。这些战略定位，体现了粤港澳大湾区未来的世界影响力和领导力。粤港澳大湾区建设，如何与全球化互动，决定着其未来的影响力和领导力。

回顾历史，从15世纪末地理大发现到1800年，可称为全球化1.0时代，全球化的主要力量是国家。从1800年到1990年，可称为全球化2.0时代，全球化的主要力量是跨国公司。1990年以来的近30年，可称为全球化3.0时代，全球化的主要力量是个人。现在，我们进入全球化4.0时代，全球化的主要力量是数字。托马斯·弗里德曼说："地球是平的。"① 人们以前所未有的方式，以更平的方式，互相联络，互相竞争，互相合作。快速变平的世界，时空似乎都被压缩了，又都被放大了。快速变平的世界，似乎不断创造我们所拥有的一切，又摧毁我们所拥有的一切。正如《共产党宣言》所言："一切等级的和固定的东西都烟消云散了。"② 全球化在不可逆转地前行着，我们所有人都被全球化了，数字信息似乎瞬间可达。

全球化新时代，既是一个利益共同体，又是一个风险共同体。我们必须正视，这个时代，人类社会最宏大和最重要的问题。这是粤港澳大湾区建设所面临的重大问题之一。

面对时代之问，粤港澳大湾区能否成为"包容他者"典范？全球化新时代，不正视问题，不向自己发问，极其危险。《纲要》并不讳言："大湾区内部发展差距依然较大，协同性、包容性有待加强，部分地区和领域还存在同质化竞争和资源错配现象。香港经济增长缺乏持续稳固支撑，澳门经济结构相对单一、发展资源有限，珠三角九市市场经济体制有待完善。"

面对时代之问，粤港澳大湾区必须做出回答。《纲要》开宗明义指出，建设粤港澳大湾区，既是新时代推动形成全面开放新格局的新尝试，也是

---

① 托马斯·弗里德曼：地球是平的 [M]. 长沙：湖南科学技术出版社，2006.
② 马克思，恩格斯. 共产党宣言 [M]. 北京：人民出版社，1992：29.

推动"一国两制"事业发展的新实践。"新尝试""新实践","新"在何处，如何实现"新"。《纲要》通篇，"新"出现了 232 次，"创新"出现了 139 次。2019 年 2 月 19 日，《人民日报》发表评论员文章《抓住大机遇建好大湾区》指出，建设好粤港澳大湾区，关键在创新。

其实，从大历史的深远之处，我们更能体会粤港澳大湾区的"新"。粤港澳大湾区，虽然没有被正式提出，但确确实实是一个历史存在。

二、历史回望：粤港澳大湾区与全球化的互动

粤港澳大湾区的历史，就是太平洋的历史。太平洋，可以称之为水半球，占地球约 46% 的水面以及约 32.5% 的总面积。太平洋之名，源自拉丁文"Mare Pacificum"，意为"平静的海洋"。这个名称来自航海家麦哲伦及其船员的经历。1519 年 9 月 20 日，麦哲伦率领探险队从西班牙启航，西渡大西洋，顶着惊涛骇浪，到达南美洲南端，进入一个海峡（后称为麦哲伦海峡）。海峡险恶，狂风巨浪，险礁暗滩。船队从大西洋找到一个西南出口向西航行，经过 38 天的惊涛骇浪后，到达一个平静的洋面，因此将其称之为太平洋。

太平洋分为中南太平洋、太平洋亚洲地区、太平洋美洲地区。浩瀚的太平洋，其海峡、港口一直是各国的必争之地。太平洋不仅是全球大洋传输带，更是全球热量分配系统的关键组成部分，调节着全球的热平衡，因为水比土地更能有效地保持并且更为缓慢地释放太阳的热量。全球约 40% 的降水总量降落在赤道南北 15 度的范围内。西太平洋（其中覆盖粤港澳大湾区）就是降雨量最大的三个地区之一。

16 世纪 50 年代初，葡萄牙人寻富东方，来到中国南海一个名叫濠镜澳的小渔村，并从渔村溯江而上来到广州，交换繁华多彩的商品。这个村成了一个贸易据点。小渔村握手了大航海时代的全球化。1553 年，葡萄牙人获得了小渔村居住权，从此小渔村有了个官方名称"澳门"。葡萄牙人来了，逐利的丰硕成果起到了示范效应。于是，意大利人来了，荷兰人来

了，英国人来了……从这儿经过的人多了，这条免费高速海路就形成了。到了1650年，澳门已经成为一个繁忙的贸易中心，把东方的各个港口连接起来了。

第二次世界大战期间，太平洋成为空中作战、商业与军事的海上交通的关键点之一。无线电、雷达、卫星、计算机等技术把太平洋的空间红利充分发挥出来。随着全球卫星导航系统的出现和普遍应用，大大降低了偏离航线的可能性，太平洋的空间红利更加彰显，城市、工业、商业、金融业在环太平洋地区快速发展。在全球前30个大城市群中，有16个在太平洋地区，其中13个在亚洲。① 世界上最繁忙的港口大多在太平洋地区，尤其是代表着21世纪航运先锋的新型集装箱船和散装货轮，其吃水深度和船幅更适合在太平洋（尤其是亚洲）的超级港口。更为重要的是，太平洋地区拥有全球超过1/3的互联网用户，电子商务、空中交通和大海航运成了全球贸易的生命线。这意味着太平洋地区将迎来经济与政治合作的新时代，人类社会也就因此进入了太平洋世纪。粤港澳大湾区建设恰逢蓄势待发的太平洋世纪。

清朝时期，广州贸易的伟大时代持续了150年左右，即从17世纪末期到1840年鸦片战争之后。这主要是得益于中央政府基于稳定财政收入流的政策偏向。1684年，清政府设立粤、闽、江、浙四大海关，四大海关的贸易垄断地位悄然形成了。1757年乾隆皇帝让广州成为唯一的海上贸易大港。作为外国商人乘船抵达中国的第一站，澳门是广州贸易错综复杂的组成部分，考察广州贸易必须把澳门包括进来。广州贸易从其起点就具有了大湾区的空间特征。

三、时代使命：粤港澳大湾区的未来

1978年以来，珠江三角洲地区率先开始市场化改革，引领全球化与国

---

① 唐纳德·B.弗里曼：透视水半球：太平洋史［M］．王成至，译．北京：东方出版中心，2020：316.

家战略互动。港澳与内地从"前店后厂"转变为"前店后网",产业链合作网络化推进。1983 年受聘出任美国旧金山州立大学校长的吴家玮教授深知湾区的特色和意义。1994 年,香港科技大学创校校长吴家玮提出一个新概念"香港湾区"。1998 年,吴家玮教授将"香港湾区"改为"港深湾区",第一次把粤港澳地区放在与旧金山湾区对标的位置上。2013 年 12 月,时任深圳市市长许勤首次提出发展"湾区经济"。2014 年,"湾区经济"首次被纳入深圳市政府工作报告。2015 年 3 月,粤港澳大湾区被写入国务院发布的《推动共建丝绸之路经济带和 21 世纪海上丝绸之路的愿景与行动》。2016 年 3 月,国务院发布的《关于深化泛珠三角区域合作的指导意见》提出,构建以粤港澳大湾区为龙头,以珠江—西江经济带为腹地,带动中南、西南地区发展,辐射东南亚、南亚的重要经济支撑带。2017 年 3 月,粤港澳大湾区被正式写入国务院《政府工作报告》,国家发展和改革委员会受命牵头研究编制《粤港澳大湾区城市群发展规划》。2017 年 7 月 1 日,在国家主席习近平见证下,国家发展和改革委员会与粤港澳三地政府共同签署了《深化粤港澳合作 推进大湾区建设框架协议》。2017 年 10 月,党的十九大提出:"要支持香港、澳门融入国家发展大局,以粤港澳大湾区建设、粤港澳合作、泛珠三角区域合作等为重点,全面推进内地同香港、澳门互利合作,制定完善便利香港、澳门居民在内地发展的政策措施。"2019 年 2 月《纲要》公布,粤港澳大湾区(以下简称大湾区)建设进入新时代。

新湾区的未来,在创新。创新,基于宏观大历史和发展大趋势,要担负什么样的新使命?践行新使命,如何进行创新?市场组织框架如何创新,科技如何依托新平台进行创新,资本组织形态如何创新?大湾区能否引领经济社会发展的范式革命?……其中,如何创新,这是大湾区持续发展和领导力问题的关键。

2019 年 2 月 18 日,《纲要》公布,意味着约 7 000 万人有了一个共同的名字:湾区人!之所以以"湾区人"而自豪,是因为人们心中都充满着向往和期盼，一种对更加美好生活的向往和期盼。

全球化新时代，流动的自由，在悄悄地影响着不同的人，不同的阶层，不同的地区。一个自由流动的全球人主导的世界，扑面而来。对于全球人而言，距离不再有任何意义。他（她）们，携带资本，携带信息，携带规则，自由穿行于地球每一个角落。他（她）们，自由地把握着利基市场，冲向每一个高利润市场。

他（她）们，可以随意迁移，今天在香港开会，明天在达沃斯赏雪，后天在巴黎喂喂鸽子。而迁移之后的后果，却留给了地域人，那些囿于空间限制不易流动的人。资源的修复，垃圾的处理，机遇的稍纵即逝，市场急剧波动的损失，都伴随着地域人。地域人面临着更大的不确定性，更大的不确定的生存保障。流动的自由，似乎成了筛选工具，把全球人留下来，把地域人淘汰走。更为重要的是，居无定所的全球人及其资本，已经把许多国家（地区）的政策冲击得零零碎碎。

传统治理的框架体系，越来越充满着不确定性。正如齐格蒙特·鲍曼所言：没有一个国家，能长达数天顶住"市场"的投机压力。全球人在制定着世界运行的游戏规则；地域人无可奈何地眼睁睁地看着自己的生活越来越差，心里一直纳闷：到底是哪儿出了差错？

为什么生于斯长于斯的地方，出现了些许痛苦？于是，地域人的疑惑，甚至愤恨，变成了行动。全球分离主义，逆全球化，就这样产生了。

于是乎，《21世纪资本论》用一句话总结了全球化时代的无可奈何：人，生而不平等！作者托马斯·皮凯蒂成为2014年度最红经济学家。皮凯蒂的观点，着着实实冲击了世界，也着着实实冲击了他的祖国：法国。2018年的法国，黄背心运动风起云涌，把年轻的法国总统马克龙折腾得心神不宁。全球化新时代，亟须解决新问题：全球人能否握手地域人，一起飞？

大湾区各城市的问题，是全球人"怎么来"抑或"怎么走"的问题。归根结底，大湾区建设，必须正视全球人与地域人的分层问题。若这个问题解决了，大湾区建设的世界示范意义也就具备了。

大湾区这11个城市，一起经历了全球化2.0时代和3.0时代，现在正在一起进入全球化4.0时代。经过全球人的流动选择，11个城市乃至大湾区腹地，各自面临的问题，需要各自的地域人，独自或者联合起来一一解决。

怎么解决呢？流动的自由，地区流动性，乃至全球流动性，是产生问题的根源。那就让流动的自由，跃动大湾区，并超越大湾区。11个城市（乃至大湾区腹地）的地域人，首先变成湾区人，进而变成全球人。让全球人携手地域人一起飞，把太平洋变成小池塘。

★重要概念

1. 海洋—贸易模式　　2. 哥伦布大交换　　3. 丝绸之路大交换

4. 自然风险　　5. 湾区经济

★讨论与思考

1. 为什么是广东（而不是其他地区）率先在全国进行改革开放？

2. 如何化解天气风险（自然风险）？"风险"（risk）一词起源于阿拉伯语，本意为"没有航海图的航海"，没有航海图，为什么还要航海？

3. 从成本和风险化解视角分析湾区经济具有什么竞争优势？

4. 请比较纽约湾区、旧金山湾区、东京湾区和粤港澳大湾区各自的竞争优势。

★延伸阅读

范岱克. 广州贸易：中国沿海的生活与事业：1700—1845 ［M］. 江滢河，黄超，译. 北京：社会科学文献出版社，2018.

附　录

建党百年历史方位上的经济发展趋势和变量①

2021 年 7 月 1 日，在庆祝中国共产党成立 100 周年大会上，习近平总书记庄严宣告："今天，我们比历史上任何时期都更接近、更有信心和能力实现中华民族伟大复兴的目标。"这一宣告，即刻传遍寰宇，在历史中回响。回望激情澎湃的百年党史，我们看到了砥砺前行的经济规律、发展大势和成长力量。

千年回望：复兴的历史经络

2014 年 3 月 27 日，在中法建交 50 周年纪念大会上，习近平主席说，"拿破仑说过，中国是一头沉睡的狮子，当这头睡狮醒来时，世界都会为之发抖。中国这头狮子已经醒了，但这是一只和平的、可亲的、文明的狮子"。

"沉睡"这个词，揭示了旧中国在世界经济版图中的地位变迁。英国经济学家安格斯·麦迪森在《世界经济千年史》一书中估计，中国 GDP 占世界的比重，先升后降再升，公元 1000 年为 22.7%，之后稳步上升；1820 年为 32.9%，达到顶峰；之后开始下降，1950 年为 4.5%，降到谷底。

"狮子已经醒了"这句话，彰显了中华人民共和国在世界经济版图中的勇往直前。中华人民共和国成立后，GDP 占世界的比重不断上升，1978

---

① 载于《南方》2021 年第 14 期上。

年后快速上升。世界银行数据显示，自 2006 年起中国 GDP 占全球比重不断上升，2009 年超过日本居世界第二位，2020 年超过 16%。目前，中国是世界第二大经济体、制造业第一大国、货物贸易第一大国、商品消费第二大国、外资流入第二大国。

遥想当年，中国何其兴盛，又何其屈辱。1840 年，鸦片战争一声炮响，中国的农业文明被西方的工业文明淹没，"洋钉""洋油""洋火""洋布"等洋货汹涌而来，长期以来中国农业及相关联的工业自我维持的局面被打破。中国经济被动纳入全球经济大循环。

19 世纪 60 年代，心中怀有"三千年未有之大变局"的李鸿章等开启军事"自强"、民生"求富"的洋务运动。1894 年，中日甲午战争，中国战败，洋务运动宣告破产。1894 年 6 月，孙中山怀抱富国富民热情给李鸿章写信："人能尽其才，地能尽其利，物能尽其用，货能畅其流——此四事者，富强之大经，治国之大本也。"1911 年辛亥革命后，仁人志士激情追寻发展良方，依旧难破迷雾。

中国向何处去，起点在哪里？这是一个经济问题，也是一个民生问题，更是一个政治问题。

百年探索：复兴的科学规律

习近平总书记在"七一"重要讲话中强调："一百年来，中国共产党团结带领中国人民进行的一切奋斗、一切牺牲、一切创造，归结起来就是一个主题：实现中华民族伟大复兴。"

中国向何处去，中国最大的问题在哪里？1919 年 8 月，李大钊在与胡适展开"问题与主义"之争时提出：经济问题的解决，是根本的解决。在 1919 年《湘江评论》创刊宣言中，毛泽东旗帜鲜明提出："世界什么问题最大？吃饭问题最大。"

吃饭，的确是个大问题，无论何人，无论何时，无论何地。中国前进的道路需要探索。谁能带领百姓解决吃饭问题，谁的道路就是正确的。

1921 年 7 月 23 日，中国共产党在上海召开第一次全国代表大会，党要带领无产阶级为解决吃饭问题而斗争。这一斗争的基本遵循是马克思提出的经济社会发展基本规律：生产力决定生产关系，生产关系反作用于生产力。一个国家，想要生活得好，就要生产得好。

当时中国是一个农业社会，土地是生产力的关键要素，但封建土地制度这一生产关系严重束缚了生产力。从 1927 年 7 月 20 日中共中央通告"中国革命进到一个新阶段——土地革命的阶段"，到 1928 年《井冈山土地法》，再到 1947 年《中国土地法大纲》，就是要打破束缚土地生产力的生产关系，实现耕者有其田。这是"农村包围城市"能够取得成功的经济保障。

实践表明，党做对了：找对了问题，找对了规律，找对了解决问题的办法。中华人民共和国成立后，首要任务是发展经济，尽快建立独立的产业体系，解决"生产得好"的问题。党中央因时因势选择重工业优先发展战略，依托以国内循环为主体的计划经济组织经济社会运行。

1978 年党的十一届三中全会开启的改革开放是双重意义的转型：从自然经济迈向发达经济，这是发展意义的转型；从计划经济迈向市场经济，这是改革意义的转型。家庭联产承包责任制促进了农业大发展，为农村工业化萌芽和起飞，为乡镇企业和私营企业成长、国有企业改革，提供了市场储备、原料储备和劳动力储备。20 世纪 80 年代，国有企业"放权让利"改革，可自主生产人民群众需要的轻工业产品，产业体系因时而变。

1992 年，党的十四大提出建立社会主义市场经济体制。市场经济是一个开放系统，企业要面临国内和国际两个市场竞争，要配置国内和国际两种资源。2010 年中国制造业超过美国，居世界第一，成为世界制造中心；目前我国拥有 39 个工业大类、191 个中类、525 个小类，成为唯一拥有联合国产业分类全部工业门类的国家。这标志着中国全面切入全球价值链的阶段性任务已经完成，未来时期要探索培育国家价值链、引领全球价值链的发展路径。这是世界百年未有之大变局的经济力量。

百年目标：复兴的历史回响

2012 年 11 月 15 日，刚刚当选为中共中央总书记的习近平庄严宣示："人民对美好生活的向往，就是我们的奋斗目标。"这一铿锵有力的声音，是对 1949 年 10 月 1 日那个声音的回响。"美好生活"，跨越时空，百年不绝。

1956 年，党的八大指出，"国内的主要矛盾是人民对于建立先进的工业国的要求同落后的农业国的现实之间的矛盾，是人民对于经济文化迅速发展的需要同当前经济文化不能满足人民需要的状况之间的矛盾"。这是从"无"到"有"、从"少"到"多"的问题。1981 年，党的十一届六中全会指出，"我国社会的主要矛盾是人民日益增长的物质文化需要同落后的社会生产之间的矛盾"。改革开放以经济建设为中心，就是要解决这一主要矛盾。

党的十八大以来，中国特色社会主义进入新时代。新时代的社会主要矛盾发生了变化，"我国社会主要矛盾已经转化为人民日益增长的美好生活需要和不平衡不充分的发展之间的矛盾"。美好生活，这是从"多"到"好"的问题。社会主要矛盾的重大变化，意味着中国经济发展已经发生了跨越式变化。

2021 年 7 月 1 日，习近平总书记庄严宣告："我们实现了第一个百年奋斗目标，在中华大地上全面建成了小康社会，历史性地解决了绝对贫困问题，正在意气风发向着全面建成社会主义现代化强国的第二个百年奋斗目标迈进。"这一宣告符合科学的经济规律和发展大势，有着坚实的历史逻辑支撑。

千年趋势：复兴的世界意义

20 世纪 90 年代中期，世界银行发展报告《2020 年的中国：新世纪的发展挑战》专题探讨 1978 年以来中国经济发展，把脉"中国奇迹"的成因及趋势。"中国奇迹"一词进入全球人民的视野。

从"中国奇迹"迈向"新的更大奇迹"，在世界经济发展史上，中国也许是人类历史上由盛而衰，再由衰至盛的为数不多，甚至可能是迄今唯一的大国案例。的确，对大国经济而言，经历持续高速增长后，再经历持续的中高速增长，实现高质量发展，这一过程本身就是奇迹。从宏观大历史看，从"中国奇迹"迈向"新的更大奇迹"，这是空前的，其模式贡献的世界意义不言而喻。

"中国奇迹"最大的成功源泉是中国之治。中国之治，蕴藏着从"中国奇迹"迈向"新的更大奇迹"的持续动力，更蕴藏着历史深处的中国智慧。不同于"华盛顿共识"，也并非弱化市场的功能，中国之治践行了政府与市场良性互动的经济治理机制，取得了显著的经济治理效能。

实践告诉我们，没有市场或市场弱小时，政府培育市场；市场能管的，让市场管；市场失灵时，市场不能管的，政府管；政府失灵时，无法有效配置资源时，市场管。一部经济发展史，就是一部"看得见的手"与"看不见的手"握手的历史。可见，市场在配置资源中起决定性作用和更好发挥政府的作用，是辩证统一的，是互为一体的。这是国家治理体系与治理能力现代化的坚实微观基础。

回望过去，一百年的东方神韵，绘就了更高层次的历史篇章，这是一个伟大的经济奇迹、伟大的政治奇迹、伟大的组织奇迹。这背后，有思想、有理论、有模式，有很多很多的已经彰显的逻辑力量，等待我们去发现、去探寻，去迎风破浪或顺势而为。中国找到了复兴密码，顺应了经济规律和发展大势。

2021年7月1日，习近平总书记庄严宣告："中华民族迎来了从站起来、富起来到强起来的伟大飞跃，实现中华民族伟大复兴进入了不可逆转的历史进程！"不可逆转的历史进程，是历史大浪淘沙的结果，是世界意义的大事件，更是世界意义的发展规律。

美国经济转型的全球化路径与中国贡献①

　　1492 年，哥伦布发现新大陆，拉开了东西方经济发展历史大分岔的序幕。从此，一个经济体和全球化的互动决定了其发展前景。北美大陆是一片因全球化而被开发的土地，美国是一个因全球化而生的国家，是当时西欧（尤其是英国）重商主义的美洲实践，更是全球化在北美洲烙下的基因。美国人要建立一个致力于商业、贸易和财富的社会。

　　为了实现这一目标，生于全球化的美国，就要利用一切手段获取全球化红利，集聚全球生产要素，开拓全球市场，推动美国产业转型升级与创新发展，谋求美国利益最大化。美国建国 240 多年来，无论国内外形势如何变化，这一全球化路径和目标始终如一。在这个过程中，中国为之提供了要素贡献、产品贡献、市场贡献和资本收益贡献。

一、美国从农业社会迈向工业社会的中国劳动力要素贡献

　　2012 年 6 月 18 日，美国国会正式就《1882 年排华法案》向华人道歉。为什么美国国会在法案颁行 130 年后道歉？因为美国人终于认清当年在美中国劳工的贡献。

　　1876 年，在建国 100 周年之际，美国已经成为仅次于英国的世界第二大工业国，初步实现了从农业社会向工业社会的转变。而在这一转变过程中，美国充分享受了中国的人口红利。

　　19 世纪早期，英国工业革命之风吹拂美国，但市场范围决定劳动分工，美国工业发展需要一个庞大的市场，而一个切实可行的交通运输系统

---

　　① 载于《南方日报》2019 年 6 月 10 日上。

是形成全国市场的关键，交通运输基础设施是产业发展的先行资本。19世纪80年代中期的交通运输革命为美国建立了一个强大的国内市场，将工业化的东北部、农业的中西部和棉花王国的南部地区紧密联系起来。

当时，交通基础设施是一个劳动密集型的工程，美国需要大量廉价劳动力。作为国家政策，美国政府鼓励华人赴美。1868年中美两国签订的《蒲安臣条约》第五条就有鼓励华人赴美的内容。根据1876年的调查报告，当时在美华人有10.5万人，多为成年男性劳动力。美国经济史学家加里·M·沃尔顿估计，1850年至1882年有近30万中国人来到美国。

中国劳工为美国交通路网建设尤其是太平洋铁路建设立下了汗马功劳。太平洋铁路是第一条横穿北美大陆的铁路，被称为工业革命以来七大工业奇迹之一。从一定意义上说，正是这条铁路成就了现代美国。火车成为美国的象征，是美国经济占据工业化世界领导地位的缩影。作为经济起飞阶段的领先部门，铁路引领美国向现代经济增长转型。

如果说，奴隶制是内战前美国经济运行最基本、回报率最高的制度，那么，中国劳工是美国迈向工业社会过程中回报率最高的生产要素。这也是2012年美国国会向华人道歉的根本原因。

美国利用全球生产要素，开拓国际市场，保护国内市场，终于在1898年超过英国，成为全球第一工业大国。

二、美国迈向世界经济中心的中国市场贡献和资本贡献

19世纪中后期，美国铁路建设联通了国内市场，但工业指数增长的生产能力需要更大的市场。因全球化而生、因全球生意而生的美国，有着想让他们的"实验"在全球生根发芽的冲动。

美国是一个海洋国家，需要完成内陆经济向海洋经济的战略转换。被称为"海权论思想家"的纽波特海军大学校长阿尔弗雷德·赛耶·马汉提出了建设海洋帝国战略。如何实现这一战略呢？美国学习的对象是当时唯一成功转变为海洋国家的英国。美国奉行门罗主义，保持与欧洲互不干

涉；同时，瞄准巨大的中国市场和亚洲市场，开发太平洋到中国的"海上边境"。

美国的世界制造中心在东海岸（大西洋海岸），想要进军太平洋，必须连通大西洋与太平洋。为了日益剧增的国家利益，西奥多·罗斯福总统秉承"语气温柔，手持大棒，万事亨通"的外交哲学，探索新机遇，加强美国的财富和威望，其大事件之一就是修建并控制巴拿马运河——一条连接大西洋和太平洋进而连通全球市场的人工运河，一条"美国大陆—夏威夷—菲律宾—中国"的世界市场通道形成了。正如《共产党宣言》所言，"由于开拓了世界市场，使一切国家的生产和消费都成为世界性的了"。美国成为真正意义上的世界制造中心。

世界制造中心的进一步发展，需要集聚全球的资本要素。金融可以为实体经济插上腾飞的翅膀，美国需要一次新机遇。伍德罗·威尔逊总统等到了美国的新机遇：1914年第一次世界大战爆发。

1914年，英国还统治着全球金融，英镑是国际贸易中的首选货币，也是国际储备的首选货币，伦敦是全球放贷者。1915年，纽约已经成为主要的国际金融中心，并且取代伦敦成为全球的放贷者。1915年1月18日，《华盛顿邮报》金融专栏作家霍兰德说："中国已经并即将把总额约300万美元的黄金送到美国。""中国从伦敦市场转向纽约市场……这意味着世界金融中心最终从英国首都转到华盛顿。"也许，这只是一次交易，但意味着中国对美国投了信任票。中国来了，日本来了，南美洲来了，美元羽化成蝶，渐渐取代英镑成为避险工具。1928年底，美元超过英镑，成为国际贸易中的首选货币。

在这场金融中心大转移中，中国的行动，中国资本的信任票，大大支持了纽约。1944年，布雷顿森林国际会议，中国也是支持美国方案的。布雷顿森林体系，是美元真正成为国际坚挺货币的开端。从此，美国开始集聚全球的资本要素。这当中，中国资本的信任票至关重要。

然而，"黄金20年代"却在1929年遭遇了经济大萧条。中国市场再一次为美国经济复苏做出了贡献。

1935 年春天，美国经济考察团访华，重要原因之一就是要继续保持对中国巨大的贸易顺差。1931 年，美国对中国出口 5.006 5 亿美元，顺差 3.083 9 亿美元，以后出口额和顺差逐年下降，美国亟须扭转这一颓势。1935 年 3 月 16 日，考察团到达第一站上海后，团长麦卡隆·福比斯强调，此行目的在于"研究中美两国过去、现在和未来的商务关系"。

三、美国引领全球价值链的中国贡献

全球化背景下，一个国家（地区）经济发展一般经历三个阶段：切入全球价值链，构建国家（地区）价值链，引领全球价值链。世界制造中心以其强大的生产影响力和市场影响力推动着该经济体快速成长。即使在生产要素成本上升而发生产业转移之后，该经济体的世界影响力依然存在。伴随着产业转移，强国进行了全球价值链和全球产业链布局。

1980 年 4 月，首家中美合资企业北京长城饭店开业，开启了美国对华直接投资的新篇章，激发了美国企业家到中国投资的理性冲动。美国企业家发现，中国大陆有如此多的廉价劳动力，在他们眼里，中国大陆那密密麻麻的人群就是白花花的银子。美国开始再一次享受中国的人口红利。

美国建国 100 周年与 200 周年之际，都充分享受了中国的人口红利，但二者有着显著的不同，前者主要是人口红利，后者不仅仅是人口红利，更重要的是引领全球价值链的资本收益。

中国快速发展的加工贸易，处在微笑曲线附加值低的中间环节，美国主导着微笑曲线附加值高的两端（研发设计和品牌营销）。美国主导全球价值链的背后，是从工业经济迈向服务经济，从货物贸易主导迈向服务贸易主导。这一经济转型，是把世界发展（尤其是中国的发展）作为本金，轻轻松松从世界赚大钱。这就形成了"美国投资，中国生产，美国消费"的生产与消费结构的互补性特征。中国为美国提供了巨大的消费品贡献和资本收益贡献；同时，也为美国提供了巨大的资本品市场贡献，一架波音

飞机可以换中国生产的 10 亿条裤子。

1993 年新任总统克林顿，试图给中国最惠国贸易地位附加条件，但很快意识到"伤中国，就是伤美国"，于是确立了中国的最惠国地位。1997 年发生亚洲金融危机，中国承诺人民币不贬值，树立了负责任大国形象，美国人对此高度赞扬，中美经贸依存关系至关重要。

2001 年底，中国加入世界贸易组织，拥抱世界市场。这为中国制造业插上了腾飞的翅膀，同时也为美国的资本收益插上了腾飞的翅膀。2010 年，中国制造业增加值超过美国居世界第一，结束了美国约 110 年世界第一的光荣历史，美国人似乎不高兴。

但要知道，这是美国引领全球价值链的必然结果。2008 年，美国发生金融危机，但很快就缓解了金融危机的冲击，避免了发生像 1929 年那样的经济大萧条。其主要原因之一是：美国公司约有 1/3 的利润来自境外，只要其他国家（尤其是中国）经济平稳发展，美国公司利润受源自本国金融危机的冲击便有限。资本输出改变并强化了美国对抗危机的能力。

作为负责任的全球利益攸关者，美国的政要需充分认识到基辛格博士的那句话："中美彼此需要，因为两国都太大，不可能被他人主导；太相互依赖，经受不起彼此孤立。"

参考文献

［1］马克思，恩格斯．马克思恩格斯全集：第 23 卷［M］．中共中央马克思恩格斯列宁斯大林著作编译局，译．北京：人民出版社，1972.

［2］毛泽东．毛泽东文集：第 6 卷［M］．北京：人民出版社，1999.

［3］邓小平．邓小平文选：第 3 卷［M］．北京：人民出版社，2001.

［4］习近平．习近平谈治国理政：第 3 卷［M］．北京：外文出版社，2020.

［5］李鹏．市场与调控：李鹏经济日记［M］．北京：新华出版社，2007.

［6］朱镕基．朱镕基讲话实录［M］．北京：人民出版社，2011.

［7］费尔南·布罗代尔．资本主义论丛［M］．顾良，张慧君，译．北京：中央编译出版社，1997.

［8］阿玛蒂亚·森．贫困与饥荒［M］．王宇，王文玉，译．北京：商务印书馆，2001.

［9］埃德蒙·费尔普斯．大繁荣：大众创新如何带来国家繁荣［M］．余江，译．北京：中信出版社，2013.

［10］保罗·克雷·罗伯茨．供应学派革命：华盛顿决策内幕［M］．杨鲁君，虞虹，译．上海：格致出版社，2018.

［11］贝尔．后工业社会的来临：对社会预测的一项探索［M］．高铦，等译．北京：商务印书馆，1986.

［12］本·斯泰尔．布雷顿森林货币战：美元如何统治世界［M］．符荆捷，陈盈，译．北京：机械工业出版社，2014.

［13］道格拉斯·诺斯，罗伯特·托马斯．西方世界的兴起［M］．厉以平，蔡磊，译．北京：华夏出版社，2009.

［14］道格拉斯·诺斯．制度、制度绩效与经济绩效［M］．杭行，译．上海：格致出版社，2014.

［15］范岱克．广州贸易：中国沿海的生活与事业：1700—1845［M］．江滢河，黄超，译．北京：社会科学文献出版社，2018.

［16］弗朗西斯·福山．我们的后人类的未来：生物技术革命的后果［M］．黄立志，译．桂林：广西师范大学出版社，2017.

［17］亨利·基辛格．世界秩序［M］．胡利平，林华，曹爱菊，译．北京：中信出版社，2015.

［18］亨利·基辛格．论中国［M］．胡利平，林华，杨韵琴，等译．北京：中信出版社，2012.

［19］黄仁宇．万历十五年［M］．北京：生活·读书·新知三联书店，2006.

［20］黄仁宇．中国大历史［M］．北京：生活·读书·新知三联书店，2014.

［21］加里·M. 沃尔顿，休·罗考夫．美国经济史［M］.10 版．王珏，等译．北京：中国人民大学出版社，2013.

［22］加里·S. 贝克尔．人力资本理论：关于教育的理论和实证分析［M］．郭虹，等译．北京：中信出版社，2007.

［23］加里·贝克尔．家庭经济分析［M］．彭松建，译．北京：华夏出版社，1987.

［24］贾雷德·戴蒙德．枪炮、病菌与钢铁：人类社会的命运［M］．谢延光，译．上海：上海译文出版社，2016.

［25］杰克·韦尔奇，苏茜·韦尔奇．商业的本质［M］．蒋宗强，译．北京：中信出版社，2016.

［26］罗伯特·瑞米尼．美国简史：从殖民时代到 21 世纪［M］．朱

玲，译．杭州：浙江人民出版社，2015.

［27］罗伯特·席勒．金融与好的社会［M］.束宇，译．北京：中信出版社，2012.

［28］罗纳德·科斯，王宁．变革中国［M］.北京：中信出版社，2013.

［29］米尔顿·弗里德曼．自由选择：个人声明［M］.胡骑，等译．北京：商务印书馆，1982.

［30］纳德·麦金农．经济市场化的次序：向市场经济过渡时期的金融控制［M］.2 版．周庭煜，等译．上海：上海人民出版社，1999.

［31］彭慕兰，史蒂文·托皮克．贸易打造的世界：1400 年至今的社会、文化与世界经济［M］.黄中宪，吴莉苇，译．上海：上海人民出版社，2018.

［32］彭慕兰．大分流：欧洲、中国及现代世界经济的发展［M］.史建云，译．南京：江苏人民出版社，2010.

［33］乔治·阿克洛夫，等．我们学到了什么？次贷危机后的宏观经济政策［M］.周端明，胡承晨，江争红，译．北京：中国人民大学出版社，2017.

［34］索罗斯．全球资本主义危机［M］.哈尔滨：黑龙江人民出版社，1998.

［35］萨缪尔森，诺德豪斯．经济学［M］.18 版．萧琛，主译．北京：人民邮电出版社，2008.

［36］斯蒂格利茨．经济学［M］.北京：中国人民大学出版社，1996.

［37］塔勒布．黑天鹅：如何应对不可预知的未来［M］.万丹，译．北京：中信出版社，2008.

［38］托马斯·弗里德曼．地球是平的［M］.长沙：湖南科学技术出版社，2006.

［39］托马斯·潘恩．常识［M］．何实，译．北京：华夏出版社，2004.

［40］威尔斯．世界简史［M］．唐婉，译．长春：吉林文史出版社，2015.

［41］威廉·西尔伯．关闭华尔街：1914 年金融危机和美元霸权的崛起［M］．刁琳琳，余江，译．北京：中信出版社，2018.

［42］韦伯．新教伦理与资本主义精神［M］．于晓，陈维纲，译．北京：生活．读书．新知三联书店，1987.

［43］伊恩·莫里斯．西方将主宰多久：东方为什么会落后，西方为什么能崛起［M］．钱峰，译．北京：中信出版社，2014.

［44］约翰·麦克米伦．国际经济学中的博弈论［M］．高明，译．北京：北京大学出版社，2004.

［45］约翰·塔姆尼．让经济学回归常识［M］．陈然，译．武汉：湖北教育出版社，2016.

［46］大前研一．低欲望社会［M］．陆求实，戴铮，等译．上海：上海译文出版社，2018.

［47］船桥洋一．管理美元：广场协议和人民币的天命［M］．王杰，译．北京：中信出版社，2018.

［48］亚诺什·科尔内．短缺经济学［M］．高鸿业，校．北京：经济科学出版社，1986.

［49］卡尔·波普尔．历史主义贫困论［M］．何林，赵平，译．北京：中国社会科学出版社，1998.

［50］蓝诗玲．鸦片战争［M］．刘悦斌，译．北京：新星出版社，2015.

［51］李约瑟．中国科学技术史［M］．北京：科学出版社，1979.

［52］亚当·斯密．道德情操论［M］．杨程程，廖玉珍，译．北京：商务印书馆国际有限公司，2011.

［53］亚当·斯密. 国民财富的性质和原因的研究［M］. 北京：商务印书馆，1997.

［54］伊斯特凡·洪特. 贸易的猜忌：历史视角下的国际竞争与民族国家［M］. 霍伟岸，迟洪涛，徐志德，译. 南京：译林出版社，2016.

［55］约翰·梅纳德·凯恩斯.《凡尔赛和约》的经济后果［M］. 李井奎，译. 北京：中国人民大学出版社，2017.

［56］约翰·梅纳德·凯恩斯. 货币改革略论［M］. 李井奎，译. 北京：中国人民大学出版社，2017.

［57］刘金山. 向市而生［M］. 广州：暨南大学出版社，2016.

［58］刘金山. 市迹［M］. 广州：暨南大学出版社，2017.

［59］刘金山. 握手市场：1978—2018［M］. 广州：暨南大学出版社，2018.

［60］刘金山. 消费行为模式变迁：1949—2019［M］. 广州：暨南大学出版社，2019.

［61］萧国亮，隋福民. 中华人民共和国经济史（1949—2010）［M］. 北京：北京大学出版社，2011.

［62］许倬云. 万古江河：中国历史文化的转折与开展［M］. 长沙：湖南人民出版社，2017.

［63］张宏杰. 饥饿的盛世：乾隆时代的得与失［M］. 长沙：湖南人民出版社，2012.

［64］中华人民共和国国务院新闻办公室. 关于中美经贸摩擦的事实与中方立场［M］. 北京：人民出版社，2018.

后　记

本书既是一本教材，也是一个学术思考的旅程记录。部分内容，尤其是案例，来自我的微信公众号"嗨经济"。嗨经济，就是 Happy Economics。微信公众号"嗨经济"自上线以来，得到社会各界人士的关注，我谨致以诚挚的谢意。凡是关注"嗨经济"或读过"嗨经济"推文的女生和男生（无论年龄大小），我恭敬地称之为"嗨客"，即"嗨经济"的客人。感谢嗨客们一直以来的支持！嗨客们的关注、阅读、留言、评论、赞赏，给了我前行的动力。

互联网世界里，人可以自由联合，无边无际，思想和知识的连接可以实现报酬递增。互联网世界里，让思想自由联合，也许在某时某地，会多多少少产生一点边际贡献。行随心动，快意生活与工作，社会岂不更美好！

但把课程与思考写成一本书，却是一件痛并快乐着的事。正如温斯顿·丘吉尔所言："写书就像一场冒险。开始时，它是玩具，也是娱乐。然后它成为一位情妇，再而成为一位主子，再往后则变成一位暴君。最后一个阶段是你终于认了命，你把这头怪兽给杀了，然后拖到外面示众去。"

本书的叙述，基于三个理念：历史如此重要，还是小心为妙；经济学如此重要，还是小心为妙；宏观如此重要，还是小心为妙。从碎片化事实的迷雾中，看到趋势的花朵，也许是一件快乐的事。

感谢暨南大学出版社曾鑫华、高婷等的精心编辑，从字词修改到语言精练，从标题推敲到章节完善，都凝结了她们辛勤的汗水。感谢各位同学在课堂内外、在微信群等各种场合与我的互动，我们一起前行。

我深知有限理性是永恒的，请读者不吝批评指正。

刘金山
2021 年 7 月于暨南园